COMTE DE SAINT SAUD

ARMORIAL

DES

PRÉLATS FRANÇAIS

DU XIXᵉ SIÈCLE

Honoré d'une lettre de S. S. Pie X

ADDITIONS, CORRECTIONS

DÉTAILS SIGILLOGRAPHIQUES

Lettres
et Articles Bibliographiques

concernant l'ouvrage

PARIS

LIBRAIRIE DARAGON

96-98, RUE BLANCHE

1908

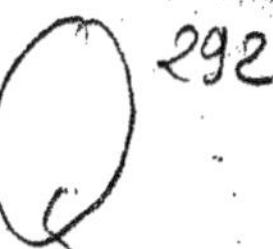

COMTE DE SAINT SAUD

ARMORIAL

DES

PRÉLATS FRANÇAIS

DU XIXe SIÈCLE

Honoré d'une lettre de S. S. Pie X

ADDITIONS, CORRECTIONS

DÉTAILS SIGILLOGRAPHIQUES

Lettres
et Articles Bibliographiques

concernant l'ouvrage

PARIS

LIBRAIRIE DARAGON

96-98, RUE BLANCHE

1908

LETTRE

DE SON EMINENCE, LE CARDINAL MERRY DEL VAL,
Secrétaire d'Etat de S. S. Pie X

Illmo Signore

Sono ben lieto di portare a conoscenza della S. V. Illma che il Santo Padre ha accolto con vivo gradimento il cortese e filiale omaggio fattogli da V. S. coll'offerta del suo « Armorial des Prélats Français du xixe siècle ». Sua Santità nello svolgere le pagine di siffatta opera, ne ha dedotto l'amore che Ella porta alla Chiesa ed ai suoi ministri, e perciò mentre le porge ringraziamenti, imparte di cuore a lei ed alla famiglia de V. S. l'Apostolica Bendizione.

Colgo poi l'opportunità di dichiararmi con sensi di distinta stima.

Di V. S.

Affmo per servirla

R. CARD. MERRY DEL VAL.

Roma, 10 Giugno 1907.

Sig^r Conte de Saint Saud, château de la Valouze.

(Traduction)

Illustrissime Monsieur,

Je suis très heureux de porter à la connaissance de Votre Seigneurie illustrissime que le Saint Père a accueilli avec vive satisfaction le courtois et filial hommage de son « Armorial des Prélats Français du xixe siècle » que lui a fait V. S. Sa Sainteté en feuilletant les pages d'un tel ouvrage n'a pas douté de votre affection pour l'Eglise et ses ministres, et pour cette raison, en vous offrant ses remerciements, Elle accorde de cœur à vous et à la famille de V. S. la Bénédiction Apostolique.

Je saisis cette occasion de me dire avec mes sentiments de considération distinguée,

de V. S.

le très affectionné à vous servir

R. CARD. MERRY DEL VAL.

Rome, 10 juin 1907.

Dans l'Introduction de mon ouvrage l'*Armorial des Prélats Français du XIXe siècle*, paru en novembre 1906, je faisais appel à l'obligeance des lecteurs pour vouloir bien me signaler les erreurs, les lacunes qu'ils trouveraient dans le livre. Cet appel a été entendu ; je les en remercie. Je ne crois pouvoir mieux faire que de donner en un fascicule les additions et les corrections que j'ai reçues ou que j'ai relevées moi-même. On remarquera l'importance des premières au point de vue sigillographique. J'y aurais ajouté les armoiries, avec notices les concernant, des évêques nommés en 1906 et 1907, si je ne les avais pas fait paraître, du moins celles de 1906, dans le numéro de février 1907 de la *Revue Héraldique* (1).

Après ces *addenda* je donne quelques-unes des lettres reçues au sujet de cet Armorial. Les unes sont des plus flatteuses pour l'auteur, telles que celle — elle figure en tête — de S. Em. le Cardinal Merry del Val, écrite au nom du Souverain Pontife, S. S. Pie X, à qui S. Em. le Cardinal Vanutelli a bien voulu offrir un exemplaire relié de mon étude héraldique, en même temps que le curieux *Dictionnaire des Devises ecclésiastiques* de mon confrère et ami, M. Tausin. D'autres lettres contiennent des remarques très intéressantes. Je les fais suivre de quelques compte-rendus de journaux ou revues et je sollicite l'indulgence pour ce sentiment, peut-être déplacé, d'amour-propre d'auteur.

Au bas de la page 35 je faisais allusion à un ouvrage que préparait la Société Bibliographique. Cette œuvre, absolument remarquable, a paru un ou deux mois après mon livre (2). Maintenant plus qu'alors je regrette de n'avoir pu obtenir un échange de renseignements, ainsi que je l'avais demandé. J'aurais évité des erreurs et aurais connu des dates précises, lorsque je me trouvais en présence de plusieurs données ;

---

1. Cet article, tiré à part, forme une brochure illustrée, de 30 pages. Je réunis et sollicite des renseignements pour publier, dans quelques années, des notices héraldiques et sigillographiques sur tous les évêques français, nommés pendant les années qui auront suivi la Séparation.

2. *L'Episcopat Français depuis le Concordat jusqu'à la séparation 1802-1905, ouvrage publié sous la Direction de la Société Bibliographique, avec le concours de 90 collaborateurs diocésains et une introduction par Mgr Baunard, Recteur des Facultés catholiques de Paris.* Paris, Librairie des Saints Pères 1907. (In-4° de 720 pp.)

j'aurais été heureux, en retour, de faire rectifier des blasons antihéral-
diques et de combler certaines lacunes dans cet ouvrage, où l'on trouve
quelques descriptions d'armoiries, variant sensiblement de celles
relevées sur des documents authentiques. Cette œuvre n'en est pas
moins une œuvre incomparable, source précieuse par ses détails
biographiques, bibliographiques, iconographiques sur nos évêques du
siècle dernier, mine documentaire pour quiconque voudra écrire l'histoire de l'Eglise de France, durant la période concordataire, si troublée
à l'aurore et au déclin.

A la suite des recherches effectuées pour mon Armorial, j'ai été amené
à recueillir des armoiries (voire même quelques petits portraits)
d'évêques et de prélats. Possesseur d'une collection déjà importante, je
sollicite de mes bienveillants lecteurs et donataires de quoi l'enrichir.
J'accepte des empreintes héraldiques prélatices, imprimées ou sous
forme de sceau, de tous lieux et toutes époques.

La Valouze (La Roche-Chalais, Dordogne).
        Pentecôte, 1908.

NOMS OMIS DANS L'ARMORIAL

DUBOIS (Etienne-Philippe). Né en 1843, chanoine titulaire de Beauvais, il est protonotaire apostolique depuis le 15 décembre 1893.

Armes. — Coupé : au 1 de sinople à la croix pattée d'or, accostée de 2 S du même : au 11 d'or au cœur (Sacré-Cœur ?) de gueules.

ETIENNE-RAYMOND (Antoine). Né à Condat-en-Fénières (Cantal) le 23 décembre 1843, aumônier militaire, curé de Mauriac, chanoine-honoraire de Saint-Flour, Mgr Raymond fut nommé chanoine de Lorette le 10 février 1892 et prélat de S. S. le 10 mai 1904.

Armes. — Parti : au 1 d'azur semé de fleurdelys d'or, au conopé (1) du même qui est des chanoines-prélats de Lorette ; au 2 d'azur à l'M antique couronné d'or, soutenu d'un cœur enflammé d'or, qui est de l'église de Mauriac. — L'écu est posé sur une épée en pal avec, au bas, la croix d'aumônier militaire.

Devise. — *Sub tuum præsidium.*

Sceau (à cire). — Rond ; écu aux armes posé sur l'épée etc.; chapeau à 5 glands.

GRANDINEAU (Madame). — Voir plus loin aux additions de la page 389.

GRUSSENMEYER (Charles), né à Wissembourg (Bas-Rhin) le 24 juin 1842, protonotaire en 1886, chanoine titulaire de Carthage en 1890, décédé à Clamart (Seine) le 5 septembre 1894.

Armes. — Mgr Santenac, son ami, a pris ses armoiries et ses devises. Elles sont données p. 386.

D'ISOARD (Aloys-Joachim). Il naquit, à Aix, le 28 mars 1801 et mourut à Albano, le 20 octobre 1847. Il était auditeur de Rote depuis le 26 juin 1846. Il était entré dans les Ordres, après la mort de sa femme, Mlle de Coriolis Limaye.

---

1. C'est le voile qui recouvre le tabernacle. Le mot est donné pour le blason de Mgr Raymond dans la brochure *Mauriac et ses Curés*, par de Ribier, d'où j'ai tiré la notice ci-dessus.

ARMES. — D'argent à la fasce de gueules accompagnée de 3 isards naissants de sable.

LUQUET (JEAN-FRANÇOIS-ONÉSIME) (1). Né à Langres le 17 janvier 1810, décédé à Rome le 3 septembre 1858. D'abord architecte, il entra ensuite dans les Ordres et fut ordonné prêtre en 1842. Il fut sacré à Rome, le 7 septembre 1845, évêque titulaire d'Hésebon par le cardinal Fransoni. Pie IX le chargea d'une mission diplomatique en Suisse, le 28 décembre 1847.

ARMES. — De gueules à la croix grecque d'or, chargée du monogramme de la Vierge d'azur.

DEVISE. — *Spes unica.*

SCEAU (à cire). — Grand ovale ; écu français aux armes, surmonté simplement du chapeau ; devise en bas ; légende : *Ioannes Felix Onesimus Luquet episcopus.*

OBRÉ (CLAUDE-THIERRY). Né le 4 septembre 1806, à Croissy (Oise), il fut ordonné prêtre en 1831, reçut la croix de la Légion d'honneur en 1859 et fut nommé évêque de Nancy le 30 juillet 1859, mais il refusa ce siège. Il était protonotaire depuis le 23 juin 1862 lorsque le S. Père le préconisa évêque titulaire de Zoara, le 14 décembre 1877. Mgr Langénieux assisté de N N. S S. Bataille et Thibaudier lui donna la consécration épiscopale, à Beauvais, le 15 janvier suivant. Il décéda, le 4 décembre 1881, dans cette ville, où il fut auxiliaire de Mgr Gignoux et de ses successeurs.

ARMES. — De geules à la croix tréflée d'or, au chef cousu d'azur chargé du Saint-Esprit d'argent.

DEVISE. — *Dominus Deus auxiliator.*

SCEAU. — Les lettres T et O gothiques dans un cadre très orné ; dans le haut la mitre, la crosse et la croix, surmontées de la devise.

DE RETZ (ALEXANDRE-FRANÇOIS). Il fut chanoine honoraire de Saint-Denis, aumônier de Charles X, auditeur de Rote le 16 mai 1828. Né à Malleville (Aveyron) le 2 octobre 1783, il décéda le 15 octobre 1843.

ARMES. — D'azur au chevron d'or, accompagné en chef de 2 étoiles du même et en pointe d'une épée renversée d'argent.

RICCARD (ESPRIT-ANTOINE-CHARLES) (2). Ce savant protonotaire naquit à la Ciotat (Bouches-du-Rhône) le 2 décembre 1834, fut ordonné prêtre, le 28 juin 1857, et nommé professeur à la faculté de théologie d'Aix en 1878. Dieu le rappela à lui, à Marseille, le 26 mars 1895.

ARMES. — D'azur à l'entrée de ville d'argent, sommée d'une crosse d'or et posée sur une mer d'argent, mouvant de la pointe, dans laquelle nage un poisson au naturel ; au chef cousu de gueules chargé d'un tau d'or. (Ce sont à peu près

---

1. Cette notice est due à l'obligeance de M. le baron de l'Horme et de M. A. Cazalé, petit neveu de Mgr Luquet.

2. C'est à l'amabilité de M. le baron Guillibert, frère de l'évêque de Fréjus, que je dois ce qui concerne ce prélat.

les armoiries de la Ciotat ; la crosse abbatiale indique que les abbés de Saint-Victor de Marseille étaient seigneurs de la Ciotat).

Devise. — *Pacem et veritatem.*

VESQUE (Désiré-Michel). Né à Harfleur le 27 novembre 1817, il fut sacré à Noorfield (Angleterre), le 26 octobre 1856. évêque résidentiel de Roseau (la Dominique — Antilles anglaises). Il mourut à Saint-Christophe, le 10 juillet 1858 (1).

Armes. — Ecartelé : au 1 de... à une Vierge de... (N. D. de Grâce de Harfleur ou la Vierge Fidèle de la Délivrande ?) ; au 2 de gueules à une demi roue de Sainte Catherine d'argent ; au 3 de sable à la croix d'argent ; au 4 d'azur à la mer d'argent chargée de 2 îles de sinople, sur la plus grande de laquelle est planté un roseau du même.

---

1. Je dois ce qui concerne ce prélat à l'obligeance de M. le Commandeur Le Court.

ADDITIONS ET CORRECTIONS

Pages 24. — *Dérnière ligne.* — Le *Dictionnaire des Devises ecclesiastiques,* (il en contient plus de 2500, classées dans un ordre parfait, avec courte note sur chaque possesseur), par M. H. Tausin, a été édité en mars 1907 chez Lechevalier, 16, rue de Savoie, à Paris.

31. — *Dernière ligne.* — En réalité ce rituel des Cisterciens remonte à la fin du XVIIe siècle. Dom Augustin n'y apporta pour ainsi dire pas de changements.

36-7. — *Armoriaux diocésains.* — BESANÇON. *Armorial des archevêques de Besançon.* Besançon 1886. — LYON. *Armorial des archevêques et évêques de Lyon,* par Morel de Voleine et de Charpin-Feugerolles. Lyon, Perrin, 1854, gr. in-folio. — MOULINS. *Armorial épiscopal du diocèse de Moulins de 1801 à 1907,* par l'abbé Clément. Moulins, Auclaire, 1907. — NANTES. *L'Episcopat Nantais,* par J. de Kersauson de Pennandreff (illustré de blasons). Vannes, Lafolye, 1863. — PAMIERS. *Armorial des évêques de Pamiers,* par L. Lafont de Sentenac. Foix 1902. — ROUEN. Voici le titre : *Armorial des archevêques de Rouen,* par Thieury. Rouen 1864. — SAINT-CLAUDE, *Armorial des évêques de Saint-Claude,* par Garraud. Citeaux, 1888. (In 4°, figures). — SAINT FLOUR. *Notice héraldique sur les évêques de Saint-Flour,* Aurillac, imp. Drussy. (Sans nom d'auteur, ni date ; vers 1880-1890). — TOULOUSE. *Armorial des évêques et archevêques de Toulouse,* par E. Harot. Toulouse, imprim. cathol. 1907.

37. *Explication de la couverture.* — Le cardinal ne devrait pas avoir le chapeau sur la tête, parce qu'il est revêtu des ornements sacrés. On doit fermer les yeux sur ces licences artistiques.

43. — Mgr *Jacoupy* est décédé le 27 mai 1848. — BIOG. : *Notice historique sur Mgr Jacoupy,* par Delrieu. Agen 1894.

44. — *Levezou.* — Le nom est *de Levezou de Vesins ;* le quartier aux clefs donne les armes des Vesins.

45. — *Cœuret*. — SCEAU (en papier) : rond et en relief blanc sur fond de couleur ; écu aux armes comme le dessin donné avec, en plus, la croix de la Légion d'honneur, dont le prélat était chevalier ; légende : *Sigillum Caroli episcopi Agenensis*.

46. — *Hiraboure*. — SCEAU : ovale ; évêque agenouillé aux pieds de la Vierge-Mère, pas de saints autour d'elle mais les mots *Mater Dei ;* même légende qu'au grand sceau rond.

47. — *Sebastiani*. — C'est bien le 24 juin 1802 qu'il a été sacré. Les armoiries absolument différentes que lui donne, p. 21, l'*Episcopat français*, sont celles de son neveu, le comte Sebastiani ; aussi je ne sais si la devise *Apes in Deo* lui est bien attribuable.

47-8. — *Casanelli*. — SCEAU : écu aux armes etc.(1); légende : *Evêché d'Ajaccio*. — BIOG. *Diplomate et soldat, Mgr Casanelli d'Istria*, par Ortolan. Paris, Bloud, 1900.

49. — Mgr *Olivieri*, né le 27 septembre, porte *taillé* et non *tranché*.

Id. — *Dupuch*. — SCEAU : ovale ; écu aux armes etc. ; devise en blanc sur noir, au-dessus du chapeau ; légende : *Evêché d'Alger*.

49-50. — *Pavy*. — BIOG. : *Un grand évêque... Mgr Pavy*, par Mgr Ribolet. Alger 1902.

50 et 194. — *Lignes 21 et 6*. — On dit aussi *de la Paille* (en italien, *della Paglia*).

51. — *Mioland*. — C'est le 2 avril 1849 qu'il a été préconisé archevêque de Sardes. — Il prit à Toulouse les trois étoiles en souvenir de Mgr d'Astros. Bien que des documents peints et des vitraux lui donnent la croix d'or, les scels à impression la marquant argent, nous préférons celle-ci, car nous avons parfois relevé des erreurs sur des vitraux.

Id. — *Salinis*. — Dans la devise *vivisco* et non *vivesco*.

51-2. — *Boudinet*. — SCEAU : ovale, écu aux armes etc. ; lég. : *Evêché d'Amiens*.

52. — *Renou*. — SCEAU (à l'humide) : écu aux armes dans un ovale et posé sur la croix double ; chapeau ; devise au bas ; lég. : *Archevêché de Tours*.
Dizien. — SCEAU (à relief) : grand ovale ; écu aux armes, etc. ; ✝ *Sigillum Leonis episcopi Ambianensis*.

52. — *Montault*. — BIOGRAPHIE : *Mgr Montault des Isles*, par Mgr Maupoint. Angers 1844. — SCEAU (à relief) : grand ovale ; l'écu aux armes est surmonté de la toque entre la crosse et la mitre ; le chapeau a 10 glands ; légende : *Carolus Montault episcopus Andegavensis*.

53. — *Paysant*. — La croix serait *or* et la devise : *Cruce mitimur*.

Id. — *Angebault*. — La croix de l'écu est tantôt en bande, tantôt en barre. —

---

1. Dans les descriptions des sceaux, cet *etc*, ou les mots *attributs ordinaires*, indiquent crosse, mitre, croix ou couronne surmontées du chapeau.

Sceaux (à l'humide et à l'impression) : ovale ; écu aux armes, etc. ; légende : *Evêché d'Angers.*

Id. — *Freppel.* — L'abbé Cornut et Mgr Riccard ont aussi publié sa vie.

Id. — *Mathieu.* — L'aigle de l'écusson est généralement à simple tête. On me dit que c'est l'alérion d'argent qui est dans l'écu de Lorraine.

54. — *Baron.* — Sceau : ovale, presque rond ; écu aux armes, etc. ; légende : † *Evêché d'Angers.* -- Il est né à Vaugrigneuse.

Id.—*Rumeau.*—Sceau : elliptique : dans un édicule gothique l'évêque en prières à sénestre ; banderole autour de la crosse avec : *exaudiant de cœlo* ; saint Joseph à dextre séparé par une colonne ; en haut, dans une rosace, la Vierge-Mère ; dans le bas, écu aux armes posé sur la devise ; légende : † *Sigillum Josephi episcopi Andegavensis.*

55. — *Sébaux.* — Sceau (à l'humide) : ovale ; écu aux armes sur simple crosse surmontée du chapeau ; légende : *Evêché d'Angoulême,*

55. — *Frérot.* — Sceau (à relief) : elliptique ; écu aux armes, etc. ; légende : † *Sig. Joannis Baptistæ episcopi Engolismen.* — Il est né à *Buncey.*

56. — *Mando.* — Sceau (à relief) : rond avec écu semblable à celui reproduit ; légende : † *Sig. Joannis Ludovici episcopi Engolismen.*

Id. — *Rendu.* — Sceau (à l'humide) : ovale ; écu aux armes, posé sur la croix entre la crosse et la mitre avec la banderole de la devise enroulée autour ; au bas, croix d'ordre du prélat qui était commandeur des SS. Maurice et Lazare et chevalier du Mérite civil de Savoie.

57. — Les évêques d'*Arras* portent aussi le titre d'*Evêque de Boulogne et de Saint-Omer.*

Id. — Mgr *Lequette,* né le 23 juin 1811, se servait d'un sceau à relief avec écu aux armes dans un ovale ; je n'ai pu lire la légende dans l'empreinte qui m'a été donnée.

60. — *Héricourt.* — Sceau (à l'humide et à impression) : ovale ; écu aux armes, etc. ; légende : *Evêché d'Autun.*

60-61. — *Perraud.* — Ses *ex-libris* portent cette devise : *Funes ceciderunt mihi in præclaris,* allusion à son titre cardinalice : Saint-Pierre-ès-liens, où sont conservées les *chaînes* de saint Pierre (Tausin : *Devises ecclésiastiques*).

62. — *Périer.* — Biog. *Un prélat constitutionnel J. F. Périer,* par Durand. Paris, 1902.

63. — *Blanger.* — Sceaux : 1° grand ovale ; écu aux armes ; chapeau à 15 glands ; légende au bas : † *Evêché de Basse-Terre.* — 2° et 3° : ellipse ; dans une nacelle, entre deux anges assis, la Vierge-Mère debout, surmontée d'une étoile rayonnante, avec cette devise : *Patrona nostra singularis* ; au-dessous, l'évêque priant, agenouillé sur son écusson ; légende : † *Sig* † *Benjamini* † *Josephi* † *epis* † *Guadalupensis* (à Limoges : *Lemovicensis*).

Id. — *Oury.* — La démission de Mgr Oury ne fut pas acceptée à ce moment-là, mais le 15 décembre 1907. Le 27 février 1908, le S. Père a nommé par bref Mgr Combes, archevêque de Carthage, administrateur apostolique d'Alger *ad nutum Sanctæ Sedis*. — L'ancre des armoiries de Mgr Oury vient de ce qu'il a été aumônier de la marine.

64. — *Dupérier*. — On trouve aussi écrit : *Duperrier, du Périer ; Dumouriez*. Frappé d'une attaque le 15 avril, il ne décéda que le 17. Il avait comme devise : *Ni vanité ni faiblesse*.

Id. — *Dernière ligne*. — *Asylum miseris et tutela*.

65. — Mgr *Hugonin*, né à Thodure, décéda à Caen le 2 mai. Il avait le pallium et la croix de la Légion d'honneur.

Id. — Mgr *Amette* est archevêque de Paris depuis le 28 janvier dernier. — Le Sacré Cœur de ses armoirles est d'or ; les nuances et la position des roses varient.

66. — *Astros*. — Sceau : ovale ; écu aux armes, sans crosse ni mitre ; légende: *Archevêché de Toulouse*.

Id. — *Jauffret*. — Devise : *Plus prodesse quam præsse*.

67. — *Lesquen*. — Troisième ligne : *Evêché* de Rennes.

68. — *Gignoux*. — Ex-libris : étiquette gommée pouvant servir d'*ex-libris* et aussi de sceau, de forme carrée, lithographiée à l'encre violette ; au centre, dans un ovale, écu aux armes, 2 palmettes au bas et croix de la Légion d'honneur ; couronne ducale ; chapeau archiépiscopal sur un fond de lignes ondulées et de pointillés ; deux banderoles : celle du haut : *Evêché de Beauvais* ; celle du bas : *Noyon et Senlis*.

Id. — *Dennel*. — Sceau : dans une ellipse, Clovis agenouillé au pied d'un saint (Wast ?) moine assis ; le listel qui soutient la scène a : *Clodov : S. Vedast* ; l'écu est au bas ; lég. : *Sig. Desiderati Josephi episc. Arebatensis. Bol. et. Ald.*

69. — *Devie*. — Sceau (à l'humide) : ovale ; écu avec attributs ordinaires ; pas de légende. L'arbre des armoiries a une forme plus allongée, avec rameaux ascendants.

69-70. — *Langalerie*. — Armes : Sur un autre scel de l'évêque de Belley on voit: *d'or à la tour de sable, chargée d'une croix pattée d'argent et accompagnée de 3 étoiles à 6 rais d'argent*. Inutile de dire combien ces armoiries sont défectueuses ; le graveur seul est blâmable, je le veux bien, mais le prélat n'aurait pas dû se servir d'un écusson aussi fautif. — Sceau (à l'humide) : écu aux armes (champ *d'or*! tour d'argent) ; couronne de marquis : chapeau surmonté de la devise ; légende au bas : *Evêché de Belley*. — Biog. : *Vie de Mgr de Langalerie*, par Cazauran. Auch, 1886.

70. — Le cardinal Richard est décédé à Paris, le 28 janvier 1908. A Belley il se servait d'un sceau, grand ovale, avec écu aux armes et : *Evêché de Belley*. Je n'ai pu me procurer son sceau de Paris.

Id. — *Soubiranne*. — Dans un scel à impression, l'écu, supporté par deux lions, donne le cœur *argent*.

70 et 390. — Mgr *Luçon* a reçu le chapeau cardinalice le 19 décembre 1907.

72. — *Rohan Chabot*. — Biog. : *Le cardinal de Rohan Chabot*, par Ch. Baille. A... 1903.

73. — Mgr *Laborde* est décédé, à Blois le 18 mai 1907.

73-74. — *Donnet*. — Sceau (à l'humide) : simple écu avec les attributs. — Biog. : *Vie, apostolat... du cardinal Donnet*, par Pougeois. Paris, 1884.

75. — *Hautpoul*. — Sceau : ovale ; écu aux armes, etc. ; lég. : *Evêché de Cahors*.

76. — Mgr *Enard*, qui depuis février 1906 était archevêque d'Auch, est décédé dans cette ville le 14 mars 1907. Mgr Ricard, évêque d'Angoulême, lui a succédé.

77. — *Belmas*. — Biog. : *Eloge de M. Louis Belmas (sic)*, par Lasalve. Cambrai, 1848.

78. — *La Bouillerie*. — Biog. : *Vie de Mgr de La Bouillerie*, par Ricard. A... 1887.

79. — *Monyer de Prilly*. — Devise : *Sit utrumque tuis*. Elle est ainsi donnée dans l'*Episcopat français*, p. 178, mais elle ne figure ni dans ses armoiries ni sur son sceau. — Sceau : ovale ; écu aux armes, etc. : lég. ; ✶ *Evêché de Châlons* ✶.

80. — *Bara*. — La *croix* des armoiries était une croix latine et non héraldique.

Id. — Mgr *Latty* a été publié le 19 décembre 1907 archevêque d'Avignon.

81. — Il y eut, sur le siège de Chambéry, après Mgr Bigex, Mgr Martinet de 1828 à 1839, mais il n'était pas Français.

82. — *Ligne 5*. — *Géménos* et non *Géménas*.

Id. — *Clauzel*. — Sceau (à relief) : écu aux armes, etc. ; lég. : *Claudius, Hippolytus, Clauzel de Montals, episcopus Carnotensis*. — Biog. : *Vie de Mgr Clausel de Montals*, par Dauvin. Chartres 1857.

83. — *Ligne 2*. — 1827 et non 1727.

Id. — *Dampierre*. — Le nom s'écrit aussi *du* Valk. Il est né à *Hans*.

Id. — *Féron*. — Sceaux : 1° à l'humide : ovale presque rond ; écu aux armes, etc. ; lég. : *Evêché de Clermont*. 2° à relief : id. ; lég. : *Ludovicus Carolus episcopus Claromonte*.

83-84. — *Boyer*. — Il est né le 27 juillet d'après sa vie. — Biog. : Le *Cardinal Boyer*, par Guillibert. Paris, Lecoffre, 1898.

87. — Mgr *Bellemont* a reçu le pallium, le 28 janvier 1894.

85. — *Robert*. — Sceau à Constantine : elliptique ; dans une ellipse intérieure, statue de saint Augustin sur le chrismon ; lég. : † *Sigill* † *Ludovici* † *epi* † *Constantitien* † *et* † *Hipponen*. — Sceau à Marseille ; ovale, sous un portique roman, la Vierge Mère, surmontée des mots : *Mater gratiæ*, avec *Ora pro populo tuo* dans un listel en dessous ; 4 arcades romanes avec en prière saint Lazare (évêque) et saint Augustin ; écu aux armes dans la pointe ; lég. : † *Sigillum* † *Ludovici* †††† *epis* † *Massiliensis* †.

Id. — Mgr *Combes* se servait à Constantine, d'un sceau semblable à celui décrit p. 85, seule la légende, dans un perlé plus petit, diffère : † *Sigillum Clementis, episcopi, Hipponensis et Constantiniensis*.

86. — *Laferrière*. — Sceau : elliptique ; dans un diptyque ogival saint Louis et saint Henri dominés par la Vierge-Mère ; écusson au bas ; lég. : *Sig. Ludovici. Henrici. episcopi. Constan. et Hipponen.*

87. — *Robiou*. — Sceau : ovale ; écu aux armes suivantes : *de sable au mantel d'argent* (on les trouve de même sur un de ses scels à impression) ; lég. : *Evêché de Coutance (sic)*.

88. — *Guérard*. — La Vierge de ses armoiries est celle de N. D. des Miracles et des Vertus, très vénérée dans la paroisse de Saint-Sauveur à Rennes, dont le prélat fut vicaire ; la main de la statue se baissa une nuit, lors du siège de Rennes par les Anglais, en 1356-57, pour indiquer que les ennemis minaient sous l'église. — Mgr Guérard a reçu le pallium le 25 décembre 1907.

89. — *Sibour*. — Sceau (à relief) : ovale ; écu avec les attributs ordinaires ; palmettes ; devise dans le haut ; lég. : *Dominicus Augustus Sibour archiepiscopus Parisiensis.*

Id. — *Meirieu*. — Sceau (à l'humide) : armoiries, etc., dans un ovale presque rond ; devise dans le haut, et dans le bas : *Evêché de Digne.*

90. — *Fleury-Hottot*. — Sceau : ellipse ; l'évêque en prière aux pieds de saint François d'Assise ; écu dans la pointe ; lég. : † *Sigil : Francisci. episc. Diniensis.*

91. — *Reymond*. — Sceau : ovale ; écu aux armes (croix *tréflée* avec bélière), crosse et mitre ; 10 glands *sans chapeau* ; lég. : *Episcopus Divionensis.*

Id. — Mgr *de Boisville*. — Sceau : ovale ; écu aux armes, etc. ; lég. : *Evêché de Dijon.*

Id. — Mgr *Raillon* n'aurait été nommé archevêque que le 24 février.

92. — *Rey*. — La couronne des armoiries n'est pas fermée et est à 3 feuilles d'acanthe.

Id. — *Castillon*. — Sceau (à l'humide) : ovale presque rond ; cartouche avec l'écu aux armes, posé sur un bâton fleurdelysé, entre la crosse et la mitre, soutenant le chapeau surmonté de la devise ; lég. : *Joannes Castillon episcopus Divionensis.*

Id. — *Lecot*. — Sceau : dans une ellipse l'évêque à genoux à gauche, avec une banderole sur la crosse ayant *memorare*, et priant l'Immaculée Conception, dont une colonne le sépare ; écu dans la pointe ; lég. : *Sigillum. Victoris. episc. Divionensis.* Son Eminence m'a dit que pour Bordeaux Elle n'avait pas de sceau.

93. — Mgr *Oury* occupa le siège de Chambéry entre NN. SS. Lecot et Le Nordez.

Id. — Mgr *Le Nordez*, quand il fut sacré le 9 août 1896 évêque d'Arca, prit pour armoiries : *parti : au 1 de la famille du Lys* (Jeanne d'Arc) *au franc-canton dextre, de gueules à la tour d'argent, au chef d'azur chargé de 3 fleurdelys d'or qui est de Vaucouleurs* ; l'étoile du 2ᵉ parti était *d'or*. (Note de M. Perrier).

Id. — *Salmon du Chatelier*. — Sceau (à l'humide) : écu aux armes ; devise en haut et retombant ; sur le coté légende : *Evêché d'Evreux*. — DEVISE : *Moi franc et sans dol*. (Note de M. Le Court).

94. — *Olivier*. — SCEAU (à relief) : grand ovale ; écu aux armes ; lég. : *Nicolaus Theodorus Olivier episcopus Ebroicensis*.

Id. — *Devoucoux*. — SCEAU : dans une vraie chapelle gothique la Vierge-Mère, assise entre deux anges en adoration ; en dessous, dans un cartouche accosté des écus aux armes, le prélat en prières ; lég. : ✝ *Sigillum J. S. A. Devoucoux epis. Ebroicensis*.

Id. — Mgr *Hautin* a été inhumé le 11 février 1907, à Chambéry, en présence de 8 évêques.

95. — *Richéry*. — Né à *Allons* le 31 juillet 1759.

Id. — *Michel*. — Ses armoiries seraient celles des Michaeli, de Venise, avec 21 besans rappelant que le doge Dominico Michaeli, se trouvant sans argent lors d'une croisade, fit faire, pour payer ses soldats, des monnaies en cuir qu'il remboursa plus tard avec de la monnaie d'or.

95-96. — *Wicart*. — Né à *Meteren*. — SCEAU (à relief) : écu aux armes ; couronne ducale ; chapeau à 10 glands ; devise dans le haut ; lég. : *Casimirus Alexius J. Wicart episcopus Vallıs Guidonensis*.

96. — *Jordany*. — *L'Episcopat français* le dit né le 18 septembre et d'autre part on m'assure que sa naissance est du 25 octobre.

Id. — *Terris*. — *Bonnieux* au lieu de *Bonnières*, et saint *Siffrein* (dans le sceau).

97. — *Mignot*. — SCEAU : elliptique ; l'évêque en prières aux pieds de saint Irénée, dont il est séparé par une colonne gothique ; écu aux armes dans le bas ; légende : ✝ *Sigillum. D. D. Ed. Irenæi.. Archiep. Albiensis*.

Id. — *Arbaud*. — SCEAU : ovale ; écu aux armes, etc. ; devise en blanc sur noir dans le haut ; lég. : *Evêché de Gap*. — BIOG. *Vie de Mgr Arbaud*, par Blanchard. Gap 1896. — Il naquit le 12 juin.

Id. — *La Croix*. — SCEAU (à relief) : grand ovale ; écu aux armes ; lég. : *Nicolaus Augustinus de la Croix episcopus Vapincensis*.

98. — *Rossat*. — Sacré le 14 février. — SCEAU (à relief) : grand ovale ; écu aux armes, etc. ; devise au-dessus du chapeau ; lég. : *Ludovicus Rossat episcopus Virdunensis*.

Id. — Mgr *Depéry* est né à *Challex*, le 6 mars 1796.

Id. — *Guilbert*. — SCEAU : écu aux armes, etc. ; légende dans un ovale perlé : ✝ *Sigillum Amati Victoris Francisci Archiepiscopi Burdigalensis*.

99. — Mgr *Roche* est né à Serrières le 5 février 1828 et a été sacré le 11 novembre. — SCEAU : évêque en prière devant la Sainte Vierge, qui lui apparaît dans un nuage, sénestrée d'une église au pied des montagnes, avec *Laus Matri* ; écusson (la roche part de la pointe de l'écu) au bas ; lég. : ✝ *Sigillum : Ludovici episc. : Vapincensis*.

99. — *Jacquenet*. — Le décret du transfert à Amiens est du 10 novembre 1883, la préconisation est du 27 mars suivant.

Id. — *Blanchet*. — Naissance 18 novembre, décès 18 mai.

100. — *Berthet.* — Sceau (à l'humide) : rond ; écu, etc. ; étoile au bas ; légende au haut : *Evêché de Gap.*

Id. — Mgr *de Bruillard* était officier de la Légion d'honneur. *L'Episcopat français* dit que dans ses armes la croix tréflée est d'or en champ d'argent.

Id. — *Ginouilhac.* — Devise : *Dei sapientiam.*

Id. — *Paulinier.* — Sceau (à l'humide) : rond ; écu aux armes ; chapeau archiépiscopal ; lég. : † *Sigillum Justini episcopi Gratianopolitani.*

101. — *Henry.* — Sceau : dans une ellipse deux saints, sous une arcade gothique avec la Vierge-Mère dans une rosace ; écu dans la pointe ; lég. : † *Sigillum. Pauli. Æmilii. episcopi. Gratianopolit.*

Id. — *Aragonnès.* — Sceau : ovale ; écu, etc. ; lég. : *Evêché de Langres.* — Ex-Libris : écusson, surmonté de la couronne ducale, avec étoiles à 6 rais et la fasce gravée en quadrillé comme si elle était de sable ; légende épousant les contours du tout : *Gilbertus Paulus Aragonnès d'Orcet episcopus Ligonensis.*

Id. — *Mathieu.* — Sceaux (à l'humide et à impression) : ovale ; écu, etc. ; lég. *Archevêché de Besançon.*

102. — *Bouange.* — Biog. : *Vie de Mgr Bouange*, par Delmas. Auch, 1885.

Id. — *Herscher.* — C'est la comète du 2ᵉ quartier qui serait de Colmar.

103. — *Le Hardy.* — Sceau : saint Jules pape debout, saint Julien évêque à genoux auprès de deux églises et regardant N. D. de Pontmain, placée dans une gloire ; sous le nuage, qui la soutient : *Marie priez pour nous* ; écu en pointe sous un listel portant : *Spes nostra salve* ; légende, à l'intérieur d'une ove semée d'étoiles : *Sig. Julii episc. Valleguidonensis.*

Id. — *Bougaud.* — Sceau : saint Louis dans une ellipse ; lég. : *Sigill. Ludovici-Emilii episc. Valleguidonensis.*

104. — *Geay.* — Nommé évêque titulaire de Samos le 10 juin 1906. — Sceau : (à relief) : ellipt. ; écu avec les attributs ; lég. : † *Petrus episcopus Valleguidonensis.*

Id. — *Du Bourg.* — Armes : épines plutôt que des branches épineuses. — Biog. : *Mgr du Bourg*, par Dom du Bourg. Paris, Perrin, 1907.

Id. — *Pins.* — On trouve aussi pour la date de son sacre, 10 octobre et 2 novembre et qu'il était grand-croix de St-Michel de Bavière. — Sceau : ovale ; écu aux armes ; lég. : *Evêché de Limoges.*

105. — *Tournefort.* — Sceau : ovale ; écu etc. ; lég. : *Evêché de Limoges.*

106. — *Renouard.* — Sceau (à cire) : ovale ; écu aux armes ; couronne ducale entre mitre et crosse de laquelle émerge la croix au bas de laquelle s'enroule la devise ; chapeau sur ce tout ; pas de légende.

Id. — *Soyer.* — Né à *Thouarcé.* — Sceau (à cire) : écu aux armes ; couronne ducale ; chapeau archiépiscopal.

107. — *Colet.* — Sceau (à l'humide) : ovale ; écu, etc. ; lég. : *Archevêché de Tours.*

Id. — Mgr *Catteau* a reçu le pallium, le 21 novembre 1902. - Sceaux: 1ᵒ à l'humide : dans un ovale dentelé à l'intérieur, écu aux armes etc. avec le pallium ; palmettes au bas ; devise au-dessus du chapeau ; lég. : *Evêché de Luçon.* 2° et 3° à cire : deux semblables, l'un de 27 ^{mm} $\times$ 22 ^{mm}, l'autre de 15 ^{mm} $\times$ 12 ^{mm} ; écu aux armes etc. ; pas le pallium ; devise au-dussus du chapeau.

107. — Le cardinal *Fesch* était *oncle* de Napoléon ; il se qualifiait d'archevêque de Lyon, de Vienne et d'Embrun et il fut coadjuteur du prince-évêque de Ratisbonne. — Biog. : *Le cardinal Fesch...*, par Lyonnet. Lyon, 1841.

109. — *Carron.* — Le scel à impression porte 3 losanges en pointe.

Id. — *Bouvier.* -- Devise : *Erigens pauperem de stercore* — Sceau : ovale ; écu etc. ; lég. : *Evêché du Mans.*

Id. — *Nanquette.* — Sceau : dans une circonférence à ornements gothiques, écu en forme de bouclier posé sur une crosse ; dans un double cercle : + *Contrasigill* + *Iacobi* + *Dei* + *gra* + *Cenom* + *epi.*

110. — *Gilbert.* — Sceau (à l'humide) : petit ovale ; écu aux armes posé sur la crosse ; chapeau ; lég. : + *Sigillum Abelis epi Cenomanencis (sic).*

Id. — *Bonfils.* — Sceaux : 1° à relief : ellipse ; écu, forme bouclier, aux armes, surmonté de la couronne comtale que traverse la crosse, au bas de laquelle s'enroule la devise ; lég. : + *Sigillum M. P. Adulphi. Episc. Cenomanensis.* 2° à cire ; presque rond ; écu etc. ; pas de légende.

111. — *Mazenod.* — Il fut sénateur, grand-croix de l'Ordre Constantinien, grand-officier des SS. Maurice et Lazare. — Biog, *Vie de Mgr de Mazenod,* par Mgr Ricard. A... 1892.

Id. — Mgr *Cruice* selon des auteurs aurait démissionné en octobre 1865 et selon l'*Episcopat français* serait mort le 12 octobre 1865. Le dernier mot de sa devise est *maligna.*

112. — *Cosnac.* — Sceau : ovale ; écu aux armes sans émaux ; lég. : *Archevêché de Sens.*

114. — *Morel de Mons.* — L'*Episcopat français* orthographie *Maurel* et dit qu'il ne fut préconisé que le 22 septembre 1805 (nous voici en présence d'une 4ᵉ date), mais sacré le 21 avril précédent.

Id. — *Brulley.* — Outre le sceau (à relief) décrit, le prélat avait deux petits sceaux à impression semblables, variant par les légendes inscrites dans un double cercle : *Episcopus Mimatensis.* — *Evêché de Mende.*

Id. — *Foulquier.* — L'*Episcopat français* le dit né à Lafon (Aveyron).

Id. — *Dernière ligne.* — *Espira* au lieu de *Espara.*

115. — *Baptifolier.* — Décès le 26 septembre. — Sceau (à relief) : grand ovale ; cartouche, avec au bas deux palmettes et les palmes académiques, portant l'écusson (tige des feuilles dans le haut — ces feuilles et l'agneau sont une allusion aux noms du prélat) ; croix entre mitre et crosse ; chapeau ; devise au bas ; légende : + *Franciscus Narcissus Baptifolier episcopus Mimatensis.*

Id. — *Bienaimé.* — L'*Episcopat français* orthographie *Bienaymé.*

115-6. — *Jauffret.* — Biog. *L. F. Jauffret,* par Reboul, Marseille. 1869.

116. — *Dupont.* — Biog. *L'Evêque de Metz. Vie de Mgr Dupont des Loges,* par Klein. Paris, Poussielgue.

117. — *Du Bourg.* — D'après Dom du Bourg, cet évêque de Montauban, archevêque de Besançon, quoique portant les armoiries de la famille du Bourg, qui a donné un évêque à Limoges, ne lui appartenait pas.

118. — *Trélissac.* — Le nom patronymique est *Chaudru* (orthog. récente). — Sceau : grand ovale ; écu aux armes (trois roses), auquel est suspendue la croix de la Légion d'honneur ; lég. : *Joannes Chaudru de Trelissac episcopus Montalbanensis.*

Id. — *Doney.* — Sceau (à l'humide) : écu aux armes ; devise au-dessus du chapeau ; légende dans un double cercle : *Evêché de Montauban.*

Id. — Mgr *Fiard* est décédé le 10 janvier 1908 et a eu pour successeur Mgr Marty, évêque titulaire d'Acmonie, son coadjuteur.

119. — *Thibault.* — Sceau (à relief), tel que le dessin donné ; pas de légende.

120. — *Pons.* — Le nom patronymique est *de La Grange.* — Les fasces des armoiries, décrites d'après le dessin incorrect du graveur, ne doivent pas être cintrées. — Sceau (à l'humide) : ovale ; écu etc ; légende dans le haut : *Evêché de Moulins.*

121. — *Osmond.* — Sa *Vie* a été éditée à Nancy en 1862. — D'après une empreinte du scel à imprimer, communiquée récemment, voici les armes de ce prélat : *de gueules au vol* (non herminé) *d'argent, au chef d'argent chargé de la croix écartelée de pourpre et de sinople*, qui est de l'Ordre du Mont-Carmel et Saint-Lazare, dont le prélat était commandeur. Il est vraisemblable que l'évêque n'était pas titulaire de la Légion d'honneur. Son écu était posé sur deux plumes en sautoir. Devise : *Atavis et armis*, qui est celle du dit Ordre.

121-2. — *Forbin.* — Biog. *Vie de Mgr de Forbin-Janson*, par Philpin de Rivière. Paris, 1892.

122. — *Menjaud.* — Sceau (à l'humide) : ovale ; écu aux armes etc. ; devise dans le haut ; lég. : *Evêché de Nancy.*

Id. — *Darboy.* — Sceau (à relief) : ovale ; comme le dessin donné ; lég. : *Georgius Darboy archiepiscopus Parisiensis.*

122-3. — *Lavigerie.* — Sceaux : 1° à relief : elliptique ; écu aux armes sans la bordure d'argent ; couronne ; ni crosse ni mitre ; croix archiépiscopale ; chapeau ; lég. : *Sigillum Caroli episcopi Algerian.* 2° à l'humide : ovale ; écu aux armes avec la bordure d'argent ; lég. : † *Archevêché d'Alger.* — Biog. *Le Cardinal Lavigerie*, par Mgr Baunard, Paris, Poussielgue, 2 vol.

124. — *Micolon.* — Sceau : écu aux armes ; lég. : *Evêché de Nantes.*

Id. — *Jacquemet.* — *L'Episcopat français* orthographie *Jaquemet* et dit que sa *Vie* a été écrite par V. Martin (Paris, Poussielgue 1889). — La croix, qui figure dans ses armoiries, rappelle celle pastorale que de sa main mourante lui donna Mgr Affre ; aussi la devise du prélat est-elle une allusion à ce sanglant fait.

125. — *Rouard.* — Sceau (à l'humide) : ovale ; écu avec les attributs etc. ; au bas croix entre les ornements ; légende : *Evêché de Nantes.*

Id. — *Douhet*. — Biog. *Vie de Mgr de Douhet d'Auxers*, par J. B. Serres. Toulouse, Privat 1893.

126. — *Naudo*. — Un de ses scels à impression donne des *croix de Malte* et non de consécration.

Dufêtre. — Devise : *Quid* et non *quod*. — Biog. *Vie de Mgr Dufêtre*, par Mgr. Crosmer. Paris, Tolra 1868.

Id. — *Laloue*. — Sceau (à l'humide) : écu aux armes posé sur une simple croix, surmontée du chapeau ; légende : *Evêché de Nevers*.

127. — *Colonna*. — Né à *Bicchisano*.

Id. — 128. — *Chapon*. — *L'Episcopat français* dit qu'il portait des lis dans ses armoiries ! Dernier mot de sa devise *caritate*.

Id. — *Sola*. — Sceau (à l'humide) : dans un ovale, écu et attributs, tels que reproduits ; légende : *Johannes Petrus Sola episcopus Nicœens*.

Id. — Les évêques de *Nimes* portent aussi, depuis 1877, le titre d'évêques d'Alais et d'Uzès.

Id. — *De Chaffoy* et non de *Chaffory*. — Biog. *Vie de Mgr de Chaffoy*, par Coudert de La Tour-Lisside. Nimes 1837.

Id. — *Cart*. — Biog. *Vie...* par Besson. Besançon 1856. *Vie* etc. par Azaïs. Nîmes, Giraud 1857.

Id. — *Plantier*. — Biog. *Vie de Mgr Plantier*, par Clastron. Paris, Oudin 1882.

Id. — *Besson*. — Biog. *Mgr Besson*, par Mgr Gilly. Besançon, Jacquin 1890. — *Vie de Mgr Besson*, par Bascoul. Arras, Sueur 1903.

129. — *Gilly*. — Sceaux : 1° et 2° à l'humide et à relief, semblables : dans une ellipse la *Mater admirabilis* ; écu au bas ; légende : † *Sigillum. Joannis Alfred. episc.* † *Nemaus. Ugetien. et. Alesien.* 3° à relief : écu aux armes ; devise au bas ; même légende.

130. — *Vigne*. — Sceaux (semblables sauf la légende) : dans une ellipse, le prélat séparé de la Vierge-Mère par une colonnette ; écu au bas, avec la devise à droite et à gauche ; légende : †. *Sigillum* † *Angeli* † *episcopi* † *Oranensis*. Et : †. *Sigillum. Angeli. Arch. Avenionen*.

Id. — *Ardin*. — A Sens *Sceau* semblable à celui d'Oran ; légende : *Sigillum Stephani Archiep. Senonensis. episc. Autussiod*.

131. — *Gaussail*. — Sceaux (à l'humide et à impression) : l'Enfant Jésus dans la crèche entre Marie et Joseph en prières ; au-dessus, l'étoile rayonnante ; écu aux armes posé sur la devise en pointe ; légende : † *Sigillum. Natalis. episcopi. Oranensis*. — Les armes de Philippeville sont, non 3 abeilles, mais 3 cigales, à cause de son nom latin *Rus cicada*.

132. — *Morlot*. — Sceaux : 1° à Orléans ; ovale ; écu aux armes, etc. ; légende : *Evêché d'Orléans*. 2° à Tours ; semblable, avec *Archevêché de Tours*. 3° à Paris (à relief) : semblable au dessin donné ; légende : † *Franciscus Nicolaus Magdalena Morlot cardinalis archiepiscopus Parisiensis*.

133. — *Dupanloup*. — Bioo. *Mgr Dupanloup*, par Salmon. Paris, librairie des Saints-Pères.

Id. — *Coullié*. — Sceau (à cire) : ovale ; écu aux armes etc. ; banderole du haut : *Prima sedes Galliarum* ; au bas, devise ordinaire.

134. — Mgr *Ortric*. — Est né à *Baxiège* et était chevalier de la Légion d'honneur.

135. — Mgr *Rougerie*. — Est décédé à Pamiers le 20 février 1907.

136. — *Quélen*. — Devise : *En-Peb emser Quelen* (En tout temps Quélen). — Bioo. *Vie de Mgr de Quélen*, par d'Exauvillez. Paris, Soc. S. Nicolas 1840.

136. — *Affre*. — Mgr Cruice a publié sa *Vie* (Paris 1849) et l'abbé *Alaxard* également (Paris 1905).

Id. — *Lostanges*. — Sceau : écu aux armes etc. ; légende : *Evêché de Périgueux*.

137. — *George*. — Ex-Libris : dans un carré aux angles coupés, écu aux armes sur un cartouche surmonté de la couronne ducale entre crosse et mitre, avec, au dessous, deux palmettes liées par un ruban auquel est suspendue la croix de la Légion d'honneur ; chapeau à 10 glands ; légende : *Ex bibliotheca ill. ac rev. D D. J. B. A. George episcopi Petrocorensis et Sarlatensis.* — Sceau (à l'humide) : écu aux armes etc. ; lég. : *Evêché de Périgueux.* — Bioo. *Mgr George*, par Dion. Périgueux 1860.

Id. — Mgr *Baudry*. Né à la *Tourmelière de Montigné-sur-Maine.* — Bioo. *Mgr Baudry*, par Perreyre. Paris 1863.

138. — *Dabert*. — Sceaux (à l'humide) semblables, mais de deux grandeurs : ovale ; écu aux armes etc. ; légende : *Nicolas Josephus Dabert episcopus Petrocorensis et Sarlatensis.*

Id. — *Belcastel*. — Sceau (à relief, papier) : grand ovale ; écu avec les attributs ordinaires, sans les tenants ; lég. : *Johannes Franciscus de Sauhnac* (sic) *Belcastel episcopus Elnensis.*

Id. — *Gerbet*. — Bioo. *Mgr Gérbet...* par Riccard. Paris 1881. — Sceau (à l'humide) : rond : écu aux armes etc. ; pas de légende.

Id. — *Ramadié*. — Sceau (à l'humide) : ovale ; écu aux armes etc. ; lég. *Evêché de Perpignan.*

139. — *Caraguel*. — Sceau (à l'humide) : presque rond ; écu aux armes etc. ; légende dans le haut : *Evêché de Perpignan.*

Id. — *Carsalade*. — Ex-Libris : rond ; sur un fond sablé, écu de forme médiévale aux armes (sans émaux) penché et surmonté d'un heaume (une *salade* ; le prélat a des armes parlantes) avec tête de lion ; sur une banderole en forme de lambrequins, la *devise* complète : † *Salsus non putresco* ; légende dans un cercle : † *Ex libris Julii de Carsalade du Pont.*

140. — *Pie*. — Sceau (à l'humide) : comme celui à relief ; pas d'émaux aux armes. — Bioo. *Le Cardinal Pie...* par Dom Besse. Paris, lib. des Sts-Pères.

142. — Mgr *de Bonald* (et non Bonnald) naquit le 30 octobre 1787 et décéda le

25 février 1870. La date du 1er mars 1841 pour son élévation au cardinalat est donnée par sa famille et par l'*Episcopat français*. Il était chevalier de Malte. — SCEAUX : 1º à l'humide ; simple écu aux armes avec couronne, croix et chapeau ; dans un double cercle : *Archevêché de Lyon*. 2º à cire : grand ovale ; écu posé sur la croix archiépiscopale, qui traverse la couronne ducale ; chapeau cardinalice ; légende : ✻ *Ludovicus Jacobus Mauritius de Bonald archiep. Lug. et Vien*. 3º 4º 5º à cire : ils sont sans légende ; écu aux armes, l'un simple est surmonté de la couronne ducale, l'autre, dans un cartouche très orné, posés tous les deux sur la croix double ; à l'un on ne peut compter les glands du chapeau, couverts en partie par le cartouche ; à l'autre il y en a 15. Dans deux d'entre eux l'aigle a, par erreur, le vol abaissé au lieu d'être déployé. (Communication du vicomte de Bonald).

Id. — *Morlhon*. — BIOG. *Vie de Mgr Morlhon* (sic), par C. de Lafayette. Paris, Téqui.

143. — Mgr *Guillois* ayant donné sa démission d'évêque du Puy a été promu archevêque titulaire de Pessinonte, le 12 décembre 1907.

144. — *Poulpiquet* de *Brescanvel*, et non *Prescanvel*.

145. — *Sergent*. — SCEAU (à l'humide) : grand ovale ; écu aux armes, etc. ; devise dans le haut ; légende : *Evêché de Quimper*.

Id. — *Nouvel*. — A son nom ajouter : *de La Flèche*. — SCEAU (à relief) : ovale ; écu avec attributs ordinaires ; devise au bas ; lég. : *Evêché de Quimper et de Léon*.

146. — Mgr *Dubillard* a été préconisé archevêque de Chambéry le 16 décembre 1907.

Id. — *Coucy*. — SCEAU (à l'humide) : presque rond ; écu aux armes (six pièces) ; chapeau à 15 glands ; lég. : *Archevêché de Reims*.

148. — *Saint Marc*. — SCEAUX (à relief) : 1º écu avec les attributs, etc. ; devise dans le haut ; pas de légende. 2º grand ovale orné ; écu, etc. ; lég. : *Golfridus Saint Marc archiepiscopus Rhedonensis*.

Id. — *Couet de Lorry*. — Dans la cathédrale de La Rochelle dans une série de vitraux, décorés des armes des évêques, celles de celui-ci sont ainsi : *Ecartelé : d'or à 2 pins arrachés de sinople, passés en double sautoir le feuillage d'azur, pommés d'argent ; et d'or à la fasce d'azur accompagnée de 3 aiglettes d'argent*. (Note de M. E. Harot). Elles se rapprochent de celles citées dans les *Annales Catholiques*. Alors *quid* de celles d'Angers ?

Id. — *Mandolx*. — On m'assure que son nom est : *de Demandolx*, or l'*Episcopat* et une lettre pastorale écrivent *de Mandolx*, comme je l'ai fait. Sur une autre lettre pastorale il y a *Demandolx*. M. Tausin me dit que sous la Restauration il portait des fasces de *sable* et pour devise : *Pro fide et Rege*.

149. — *Bernet*. — ARMES : *d'azur à la tour d'argent couverte du même* (si c'est un globe ce n'est qu'un demi-globe) *avec une croisette aussi d'argent au dessus*. (Relevé sur un mandement.)

Id. — *Villecourt*. — SCEAU : ovale ; écu aux armes, etc. ; devise dans le haut ; lég. : *Evêché de la Rochelle*.

150. — *Thomas.* — Sceau (à relief) : grand ovale ; écu aux armes surmonté seulement du chapeau ; devise au bas ; légende : *Sig. Leonis Bened. Caroli Thomas archiepiscopi Rothomagensis.*

Id. — *Bonnefoy.* — Sceau (à relief) : sous un baldaquin ogival fleuri, l'évêque en prière aux pieds de la Vierge-Mère couronnée sur un piédestal ; dans le bas, écu aux armes surmonté de la devise ; lég. : *Sigil. Francisci archiep. Aquensis.*

151. — *Ramond.* — Son écusson porte des *croix de Toulouse* et non la croix héraldique. — Sceau : écu aux armes ; couronne ducale (le scel à imprimer la donne comtale) ; lég. : ✶ *Evêche de Rhodès (sic)* ✶.

Id. — *Giraud.* — Sceaux : 1° à l'humide : ovale ; écu aux armes, sans émaux, avec le navire accosté en chef d'une étoile à dextre et d'une à sénestre ; lég. : *Evêché de Rhodes (sic).* 2° à l'humide : dans un ovale écu aux armes (tourteau) posé sur 2 palmettes et sommé d'une couronne fermée, sans crosse ni mitre ; devise dans le haut ; lég. : *Archevêché de Cambray (sic).* 3° en tout semblable au précédent, sauf que la couronne est ducale.

Id. — *Croizier.* — Devise : *In cruce salus, in cruce vita.* Elle figure sur son premier mandement, où la croix et les croisettes des armes sont argent. — Sceau (à l'humide) : dans un ovale écu aux armes avec les attributs reproduits ; lég. : *Johannes Franciscus Croizier episcopus Rhutenensis.*

152. — *Delalle.* — Sceau (à l'humide) : écu aux armes, etc. avec palmettes au bas auxquelles est attachée la croix de la Légion d'honneur, dont le prélat était décoré ; lég. : *Ludovicus Augustus Delalle episcopus Ruthenensis.*

Id. — *Bourret.* — Sceau (à l'humide): ovale; écu, etc. ; devise au bas ; dans un double cercle : ✝ *Josephus Christianus Ernestus Bourret episcopus Ruthenensis.*

153. — Pour Mgr *de Cambacérès* le 9 avril est sa nomination, le 11 son sacre, le 23 mai la prise de possession de son siège ; son décès est bien du 25 octobre 1818.

Id. — Mgr *de Bernis*, promu archevêque de Rouen en juillet 1819, fut préconisé le 27 septembre suivant et intronisé le 27 novembre. Il prit le titre de Primat de Normandie.

154. — *Le Groing de La Romagère.* — *L'Episcopat français* dit qu'il portait : *d'argent à 3 têtes de sangliers (sic : des groins) de gueules,* ce qui semblerait plus conforme à son nom et à sa devise, qui est : *aper non asper* (sanglier pas rude). Mais ce n'est pas exact ; nous avons vu des empreintes de ses armoiries avec têtes de lion, ce qui est confirmé par les nobiliaires.

155. — *David.* — Sceau (à l'humide) : ovale, écu aux armes, etc. posé sur deux branches d'épines et de lis d'où pend la croix de la Légion d'honneur (le prélat était donc chevalier) ; devise au bas ; lég. : *Augustinus David episcopus Briocensis et Trecorensis.*

Id. — *Fallières.* — Sceau (à l'humide) : ovale, presque rond ; écu aux armes, etc. ; devise au bas ; lég. : *Evêché de S. Brieuc et Tréguier.*

155-6. — *Mabille.* — Le premier sceau décrit existe aussi à relief dans une grande ellipse.

157. — *Maillet.* — Sceau (à l'humide) : écu posé sur une croix ; crosse, mitre, chapeau ; devise au bas ; lég. : *Evêché de Saint Claude.*

Id. — *Desprez.* — Sceaux (à relief) ; 1º ovale ; écu rond dans un cartouche orné, etc. ; devise dans le haut ; lég. : *Florianus Desprez episcopus Sti Dionisii.* 2º dans un rectangle à coins arrondis écu aux armes ; devise sur le chapeau ; pas de légende. — Dans la représentation de ses armoiries à Toulouse, le monogramme de la Vierge est argent et la devise apparaît encore quelquefois après son élévation au Cardinalat.

159. — Mgr *Jacquemin* était chevalier de la Légion d'honneur. — Sceau: ovale; écu aux armes, etc. ; lég. : *Evêché de Saint-Dié.*

160. — *Jerphanion.* — Il se prénommait *Jean-Joseph-Marie Eugène.* *L'Episcopat français* le dit sacré à Lyon.

Id. — *Gros.* — Sceau (à relief) : ovale ; écu avec attributs ordinaires ; lég. : *Johannes Gros episcopus Versaliensis.*

161. — Mgr *Sonnois* est né à *Lamargelle.* Le *chêne* de ses armoiries rappelle Gouey (pays-boisé), sa première cure, et la *vigne,* Santenay (pays de vignobles), sa seconde cure.

162. — *Foucault* (et non Foucauld). — Sceau (gauffré) : rond ; écu aux armes, etc. ; lég. : † *Alphonsus-Gabriel. Foucault. episcopus. Sancti-Deodati.*

Id. — *Voisins.* — Sa famille portait les fusées de gueules accolées en fasce.

163. — *Gualy.* — Sceau : ovale ; écu aux armes surmonté de la couronne ducale ; chapeau à 15 glands ; lég. : *Archevêché d'Alby.*

Id. — *Cadalen.* — Sceau : ovale ; écu, etc. ; lég. : *Evêché de Saint-Flour.*

163-4. — *Marguerye.* — Sceaux : 1º à relief : ovale ; écu aux armes, etc. ; lég.: *Franciscus episcopus Sancti Flori.* 2º à l'humide ; semblable ; lég. : *Evêché de Saint-Flour.* 3º à l'humide ; semblable ; lég. : *Evêché d'Autun.*

164. — *Lyonnet.* — Sceau (à relief): ovale ; écu aux armes (le lion est accroupi); palmettes avec la croix de la Légion d'honneur ; couronne ducale entre crosse et mitre ; chapeau à 10 glands ; devise au dessus ; légende : *Joannes Paulus Franciscus Maria Lyonnet episcopus Valentinensis.*

165. — *Lamouroux.* — Sceau (à cire) : rond ; écu aux armes sur la crosse surmontée du chapeau ; devises dans le haut et dans le bas.

168. — A la mort de Mgr de Chevigné de Boischollet, Napoléon nomma, le 14 avril 1813, évêque de Séez l'abbé *Guillaume-René Baston,* né à Rouen le 29 novembre 1741 et décédé le 26 septembre 1825. Le Pape n'accepta pas. L'Empereur l'avait nommé baron avec ces armoiries : *d'azur à une vallée entourée de monts de sinople, mouvant du bas de l'écu et sommés d'un soleil rayonnant d'or, au franc canton des barons évêques.*

Id. — *Rousselet.* — Sceaux (à l'humide) : ovale ; écu aux armes, etc. ; légende : *Evêché de Seez.* L'un à 3 étoiles au bas, l'autre, en ornement avec la croix de la Légion d'honneur, attachée aux palmettes.

Id. — *Trégaro.* — Sceau : ovale ; écu, etc. ; lég. : *Sigil. Francisci Mariæepisc. Sagiensis.*

169. — *La Fare.* — Né à Bessay, prè de Luçon (Vendée). — Sceaux : 1º ovale ; écu aux armes entouré du cordon du S. Esprit ; couronne ducale, d'où émerge la croix archiépiscopale ; chapeau cardinalice, qu'encadre la devise ; lég. : *Archevêché de Sens.* 2º plus grand ; l'écu est posé sur le manteau de pair ; des fleurdelys perlent les côtés du cercle extérieur ; même légende.

172. — *Deramecourt.* — Décédé le 16 septembre 1906.

173. — *Rœss.* — Armes : *la bande de gueules,* armes de Strasbourg ; *la masse d'armes,* souvenir de l'écusson de Colmar ; *le livre,* la sainte doctrine que l'évêque doit à son diocèse ; le *cep de vigne,* l'origine du prélat, issu d'une famille de vignerons *(Episcopat français,* 608). — Sceaux : 1º à relief : ovale ; écu aux armes etc. ; lég. : *Andreas Rœss episcopus Argentinensis.* 2º ovale ; écu etc. ; lég. : *Evêché de Strasbourg.*

174. — *Double.* — Armes. — Celles que j'ai blasonnées sont prises sur un mandement ; or depuis j'ai eu un scel à impression en positif et en négatif, qui donne : *d'azur à la tour d'argent à la croisette tréflée, rayonnante et issante du même.*

Id. — *Laurence.* — *L'Episcopat...* le nomme *Mascaron.* — Sceau (gauffré) : écu aux armes etc. ; devise retombant à droite et à gauche du chapeau ; lég. : *Bertrandus Laurencius* (seul exemple de latinisation du nom de famille) *episcopus Tarbensis.*

175. — *Billière.* — Sceau (à relief) : elliptique ; écu aux armes, etc. ; légende : *Sigillum Prosperi Mariæ episcopi Tarbensis.*

180. — Mgr *de Boulogne* fut comte et pair de France. — Biog. *Mgr de Boulogne...* par Delacroix. Paris, Retaux 1886.

182. — Mgr *de Pélacot,* promu à l'archevêché de Chambéry en avril 1907, est décédé à Troyes, le 5 août suivant, sans avoir pris possession de son siège.

Id. — *Berteaud.* — Biog. *Un évêque d'autrefois, Mgr Berteaud,* par Breton. Paris, Bloud.

182-3. — *Denéchaux.* — Sceau (à relief) : ovale ; écu etc., lég. : † *S. Henrici episcopi Tutelensis.* — Ce prélat est décédé à Tulle, le 18 avril 1908.

183-4. — *Chartrousse.* — Sceau (à relief) : grand ovale ; écu aux armes avec les attributs ordinaires ; lég. : *Petrus Chartrousse episcopus Valentinensis.*

184. — *Cotton.* — Biog. : *Mgr C. P. F. Cotton,* par Mgr Hugues de Ragneau. Valence, Vercelin 1908.

185. — *Bausset.* — Il décéda le 29 janvier 1829, officier de la Légion d'honneur.

Id. — Mgr *Dubreil* serait né le 10 *juin ;* dans ses armes, rameau de *laurier* et non d'olivier.

187. — *Valayer.* — Armes : *d'azur à 2 étoiles d'or en chef et à la croix ancrée du même en pointe.* Toutefois un scel à impression donne les meubles d'argent.

Id. — *Hacquart.* — Sceaux : ovales ; écus aux armes, etc. ; légende de l'un : *Episcopatus Verdunensis ;* et de l'autre : *Evêché de Verdun.*

188. — *Charrier.* — Devise : *Semper in orbita.*

Id. — *Bailleul*. — Sceau (à relief) : grand ovale ; écu droit aux armes, entouré du ruban de la Légion d'honneur et soutenu de palmettes ; couronne de marquis, de laquelle émerge la double croix ; chapeau à 15 glands ; lég. : *Lud^{us} Maria Edm^{us} Blanquart de Bailleul archiepiscopus Rothomagensis*.

189. — *Molin*. — Sceau : ovale ; écu, etc. ; lég. : *Evêché de Viviers*.

192. — *Maury*. — Ex-Libris : dans un double rectangle pointillé : *Bibliothèque particulière de son Eminence Mgr le cardinal Maury* ; au centre écu aux armes (les flèches *argent* sont en *sautoir*, pointes en haut) ; toque ; croix archiépiscopale ; chapeau. — Mgr Maury était titulaire (peut-être commandeur) de la Légion d'honneur.

194. — *Arrighi (*et non *Arrigi) de Casanova*.

196. — Mgr *Hirn*, incarcéré à Vincennes, obligé de donner sa démission (que le Pape refusa), rentra le 3 septembre 1814 à Tournai. Il décéda le 19 août 1819. — Biog. : *Vie de Mgr Hirn*, par A. A. M. Courtrai, 1820.

197. — Mgr *Lejeas* reçut ses bulles (*Etudes Franciscaines*, 1907, p. 232).

198. — *Pitra*. — Naissance 1er août 1812. — Biog. : *Le Cardinal Pitra...* par Battandier. Paris, 1893. L'autre auteur est *Cabrol* et non *Chabrol*.

199. — *Theuret*. — Sceau (à l'humide) : ovale ; écu, etc., tel que reproduit ; légende : *Carolus episcopus Monœcensis*.

204. — Mgr *Maret*, chevalier de la Légion d'honneur, s'intitulait : Evêque de Sura.

205. — *Sibour*. — Sceau (à relief) : ovale écu aux armes, qui sont : *coupé de gueules à la croix tréflée d'argent, et d'azur à la ville forte à 3 tours d'argent* ; couronne ducale entre mitre et crosse, d'où émerge la croix ; chapeau à 10 glands ; au-dessus la devise : *Frater qui adjuvatur a fratre civitas firma* ; pas de légende.

205-6. — *Timarche*. — M. Tausin orthographie : *Tirmarche* et donne *gubernas* à la devise.

208. — *Blanc*. — Sceaux : 1° à impression : armes : *d'azur à la croix tréflée et au pied alaisé d'argent*. 2° à relief : ovale ; écu aux armes ci-dessus ; couronne ducale etc. ; lég. : *Episcopus Neo-Aurelianensis*.

209. — Mgr *Bourgade* serait né le 17 octobre 1847, *aliàs* le 5 janvier mais douteux. Il est mort en mai 1908. Les *Missions catholiques* (1908, p. 264) le disent promu le 27 novembre 1899.

Id. — *Chabrat*. — Dans la *Notice héraldique sur les Evêques de Saint-Flour*, je trouve à l'article de Louis Bertin, évêque constitutionnel du Cantal, les armoiries suivantes : *de sinople au rosier fleuri de 5 roses sur tiges d'argent, accompagné en pointe de 2 roses ; au chef d'argent, chapé de gueules, l'argent chargé d'un agneau pascal au naturel*. Nul doute que ce ne soient là les armes qu'ait prises Mgr Chabrat, se servant peut-être du cachet de Mgr Bertin.

210. — *Charbonnel*. — Sceau (à l'humide) : ovale ; écu aux armes ; couronne comtale ; devise au-dessus du chapeau ; pas de légende.

219. — *Odin*. — La Congrégation de la Mission, dans la liste de ses évêques

qu'elle m'avait envoyée, avait omis ce nom ; ce prélat a toujours été Lazariste. — Armes : celles de sinople à la croix d'or ne semblent pas exactes, il
portait celles des Lazaristes : *d'azur à Jésus au naturel prêchant debout sur un
segment de sphère.* — Sceau (à relief) : ovale ; écu aux armes ci-dessus ; couronne ducale etc. ; légende : *J^{es} Mª Odin congr. Miss. ep^{us} Claudiop. Vica-
rius apost. Texensis.*

Id. — *Perché.* — Devise : *pullos* et non *filios.*

220. — Mgr *Rouxel* a été rappelé à Dieu le 16 mars 1908.

224. — *Dernière ligne.* — Après *de sable* ajouter *au lis d'argent.*

226. — *Duval.* — Sceau : rond ; écu de forme italienne aux armes, posé sur la
croix archiépiscopale, surmonté du chapeau ; devise au bas ; lég. : *Vicariat
et délégation apostolique de Syrie.*

231. — *Lazaristes.* — Sceau (à relief) : dans un ovale Jésus prêchant ; lég. :
Superior generalis Congregationis Missionis. Egalement celui reproduit en
tête de l'article.

Il y a quatre armoiries d'évêques de la Mission que je n'ai pu me procurer.
Or, on m'a donné l'écusson anonyme suivant, que tant par les lettres S V que
par la devise qui l'accompagne, semble appartenir à un prélat lazariste
(Daguin, Danicourt, Laribe ou Rameau) : *Parti : au 1er d'azur à un Saint
Joseph d'argent ; au 2e d'or à la croix d'argent chargée d'un cœur du même,
cantonnée d'une comète d'argent, de 3 couronnes d'argent en pal, des lettres
S et V de sable. Devises : Evangelisare pauperibus misit me ; et, Ora et labora.*

232. — Mgr *Bray* est décédé à Kiou-kiang, le 23 septembre 1905.

Id. — Mgr *Bruguières* est décédé à Tchang-ting-fou, en octobre 1906.

Id. — Mgr *Crouzet* s'est servi en Abyssinie d'armoiries et d'un sceau un peu diffé-
rents. Dans un ovale, écu aux armes : parti *d'argent* à Jésus etc., et de *gueules*
à la croix *latine* tréflée d'or ; il est posé sur une crosse et surmonté du chapeau ;
devises en haut et en bas ; lég. : *Sigillum Jacobus* (sic) *eppus tit. Zephirien
vic. applicus Abyssiniæ.*

234. *Favier.* — Décès le 3 et non le 5 avril (*Nécrol. des Miss. Cathol.*)

234-5. - *Guierry.* - Sceau (à imprimer) : ovale ; écu aux armes : *d'azur à l'emblème
des Lazaristes* (comme je le supposais) ; couronne ducale ; sur le chapeau,
une banderole avec : *Congr. Miss.* ; lég. : † *Edmundus. Fr. Guierry. ep.
Danat. Coadj. vic. ap. Pekin..*

236-7. — *Reynaud.* — Armes et Sceaux : 1° à imprimer : rond ; écu aux armes :
parti d'azur à l'emblème des Lazaristes et d'or au Sacré Cœur d'argent, posé
sur une crosse et simplement surmonté du chapeau ; devises ; lég. : † *Paulus
Maria Reynaud episc. Fussulan. vic. apost, Tche-Kiang.* 2° à l'humide : ovale ;
même écusson ; lég. ; † *Sigillum Pauli-Mariæ epi. tit. Fussolan.* (sic) *vic.
ap. Tche-Kiang.*

238. — *Thomas.* — Sceau : rond ; écu aux armes etc. (tel que le dessin donné) ;
légende : † *J. A. Thomas archiep. Hadrian. adm. Aspah. deleg. ap. Persidis.*

Id. — *Touvier.* — Armes, Sceau et Devise : dans un ovale, écu aux armes : *parti des Lazaristes et d'or à la croix latine potencée d'argent,* posé sur une croix, qui émerge d'une couronne ducale surmontée du chapeau ; devise dans une banderole s'enroulant au pied de la croix : *Venite ad me omnes* ; légende : † *Marcel Touvier cong. Missionis ep. Olen. vic. apost. Abyssiniæ.*

240. — Mgr *Fraysse* décéda à la Conception (Nouv. Caléd.) le 18 septembre.

Id. — Mgr. *Lamaze* est décédé en octobre 1906 à Maofaga (Tonga-Tabou).

242. — *Missions Etrangères.* — La Maison mère me prie de rectifier le nombre de ses missions qui n'est que de 32.

255. — Mgr *Fénouil* est décédé le 10 janvier 1908 à Younnansen.

256. — *Galibert.* — Armes : M. Tausin les a vues ainsi peintes sur son portrait : *de pourpre au Sacré Cœur d'argent.*

261. — *Labouyer.* — Né à *Acigné* et non *Acigny.*

262. — Mgr *Lefèbvre,* et non *Lefèbre,* est né à Courtonne dans le Calvados.

267-8. — *Puginier.* — Biog. *Monseigneur Puginier,* par d'Allenjoye. Paris, Téqui (vers 1900).

271. — Mgr *Usse,* serait décédé à Chesnois-Auboncourt (Ardennes), le 21 avril 1905 *(Nécrologe des Missions Catholiques).*

177. — Mgr *Toulote* est mort, à Rome, le 23 janvier 1907.

280. — Mgr *Grouard* est évêque d'*Ibora* et non *Ibara.*

282. — Mgr *Pascal* a été publié le 19 décembre 1907 évêque résidentiel de Prince-Albert, siège nouvellement créé.

283. — *Picpus.* — Les initiales des emblèmes signifient : *V (ivat) C (or) J (esus) S (acratissimum).*

284. — Mgr *Doumerc* était chevalier de la Légion d'honneur.

Id. — *Maigret.* — Armes : on me dit de la maison-mère qu'elles représentent la croix miraculeuse de Migré (Vienne) avec une île au dessus.

285. — *Verdier.* — La Vierge qui figure dans ses emblèmes est N. D. de la Paix, statue vénérée dans la chapelle de la maison-mère des Religieuses du Sacré-Cœur, rue Picpus, à Paris. — En mars 1908 le Pape a accepté la démission du prélat, auquel a succédé son coadjuteur, Mgr Hermel.

288. — *Verjus.* — Biog. *Mgr Verjus,* par G. Vaudon. Paris, Retaux 1899. *Vie de Mgr Verjus* par O. de Brion. Lille, Desclée 1906.

300. — *Marion-Brézillac.* — Armes, Sceaux. C'est par erreur qu'on m'avait communiqué le cachet au mouton et au chien. Mgr de Marion-Brézillac se servait de deux sceaux. Dans l'un, à cire, sous un chapeau à 10 glands et une couronne de comte, un écu qui représente *un dauphin surmonté d'une étoile,* c'est-à-dire les armoiries déclarées en 1696 par R. de Marion, mais sans le parti, et telles qu'elles sont actuellement portées par les neveux du prélat (avec 2 chimères comme supports). L'autre sceau est en papier : un écu avec un dauphin (le reste effacé) de forme anglaise ; petite croix épiscopale au bas ; couronne comtale entre mitre et crosse ; chapeau à 10 glands ; pas de légende.

303. — *Dernière ligne.* — Le parti de la Congrégation de France des Bénédictins serait mieux : *de sable à la crosse accostée de 2 étoiles, le tout argent.*

304. — Dom *Banquet* se sert pour cacheter ses lettres et aussi comme *ex-libris* d'une marque, imprimée en couleur, or et argent, représentant simplement ses armoiries (le vaire n'est pas dans le sens de la bande, mais perpendiculaire) dans un écusson de forme française, sans absolument rien autre chose.

305. — *Ligugé.* — Devise : *Non recuso laborem (Ant. offic. S. Martin).* — Sceau (à cire) : rond ; simple écu de forme médiévale aux armes (sans émaux), posé sur un cartouche polylobé, à fond treillissé ; lég. : † *Sigillum Sancti Martini Locogiacensis.*

Id. — *Bourigaud.* — Sceau (à cire) : rond ; écu aux armes surmonté de la mitre et de la crosse, posé sur des ornements fleuris ; devise au bas ; lég. : † *Sig. Iosephi B. abb. Locogiacensis.*

306. — *Ligne 19.* — *Civitatem* au lieu de *Civivatem.*

307. — Dom *du Coetlosquet* démissionna au début de 1907 et a été remplacé par Dom Paul Renaudin, élu le 25 janvier 1907.

308, 392. — Les armoiries du monastère de Saint-Dominique de *Silos*, sont : *de gueules au fer de prisonnier d'argent en fasce brochant sur une crosse abbatiale d'or en pal et sur 2 flèches en sautoir d'argent, la pointe en haut, à 3 couronnes du même, une que traverse le haut de la crosse et deux adextrant et sénestrant les flèches en dessus du fer.*

308. — *Guépin.* — Sceau (à cire) : rond ; écu aux armes etc., dans un cartouche quatrilobé ; lég. : † *S. Hildefonsi. abbatis. de. Silos.*

308-9. — *Solesmes.* — Devise : *Fiat pax in virtute tua.* (Elle n'est pas usitée, bien qu'elle soit sur des pièces imprimées).

309. — Dom *Delatte* est né le 27 mars 1848 et a été élu le 9 novembre 1890.

312. — *Beauchêne.* — Sceau (à l'humide) : dans un ovale, dont les bords sont dentelés, une Immaculée Conception ; lég. : *Abbaye de Beauchêne par Cerizay « Deux-Sèvres ».* — Dom Jean-Baptiste Vuillemin vient d'être nommé Abbé titulaire de Beauchêne.

313. — *Fontfroide.* — Sceau (à relief) : simple écu sans émaux représentant une fontaine et deux F dans le haut, surmonté d'une mitre et d'une crosse penchée ; lég. : *N. D. de Fontfroide. Narbonne (Aude).*

319. — *Cisterciens.* — C'est à tort qu'on les désigne quelquefois sous le nom de Cisterciens de Sept-Fons.

319-20. — *Aiguebelle.* — La marque déposée de la chocolaterie de la Trappe d'Aiguebelle est en forme de sceau, qu'il me faut signaler, pourqu'on ne croie pas qu'il s'agisse là d'armoiries véritables. Par respect pour la Sainte Vierge, je suppose, ce n'est pas elle qu'on a placée sur l'arche pontée, mais une tour, qui est la porte d'entrée du monastère, sur un fond treillissé. L'écu, posé sur une crosse, porte : *d'azur à la tour d'argent, posée sur une arche pontée du même, sous laquelle coulent des eaux au naturel* ; dans le haut, devise : *Bene fundata est.*

320. — *Malmy.* — Biog. *Vie.... de D. Malmy*, par Gaillardin. Avignon, Aubanel, 1841.

323. — *La Forest de Divonne.* — Quoique abbé il fut en 1850 prieur de Fontgombaud. — Sceau : ovale ; dans un écu, surmonté de la couronne d'épines, etc., on voit dans un parti blanc : 1° un petit écusson rond aux armes de l'abbé, surmonté d'une couronne ; 2° les emblèmes de l'abbaye ; légende : *F. Maria Augustinus abbas Bellofontis.*

323-4. — *Bonne-Espérance.* — Sceau (à relief) : ovale ; Vierge-Mère sur un piédestal dans un rinceau ; légende dans une ove perlée : *N. D. de la Trappe de B. Espérance de la Double. Diocèse de Périgueux.*

324. — *Bachelet.* — Il fut élu le 21 mars 1877. Quant à Dom Fulgence Orlandis, à la Trappe de la Double on me rectifie les dates en : élection 3 novembre 1881, installation le 6 ; il fut bénit en 1882.

325. — Dom Antoine *Gaillard* est retiré à Sept-Fons.

326. — *Chambon.* — A la devise, *spe* et non *spes.*

326-7. — *Dombes.* — Dans le sceau, *roseaux* (des marais) au lieu de *lis.*

327. — *Abzac.* — Dom Augustin écrivait son nom *Ladouze*, bien que la famille écrive La Douze.

328. — *Margerand.* — Armes : Au lieu d'un *mouton couché*, comme le donne le sceau, c'est un *lion passant* qu'il faut. Dom Timothée Charvet, un des dignes Pères des Dombes, à qui je dois beaucoup pour mon ouvrage et ce supplément, explique ainsi les armoiries et la devise: du cœur *(in dilectione)* découlent, par la nuée rayonnante, la lumière *(lux)*, et par le lion couché, la force *(robur)*.

329. — *Fontgombault.* — Devise : *Clamavit de pariete lapis* (1).

Id. — Dom Dosithée *Pellan* est né à *Plouasne.*

330. — *N.-D. du Gard.* — Le transfert à Sept-Fons est de 1845.

Id. — *N.-D. de Grâce.* — Devise : *Sicut lilium inter spinas.*

332. — *Grâce-Dieu.* — Les armes données au bas de la page 332 : *d'or à trois fasces*, etc. ne seraient autres, m'apprend M. E. Harot, que celles de Jean Joffredi, ou Joffroy, cardinal en 1461, évêque d'Albi. — Devise : *In capite ejus posuerunt diadema regni.*

334. — *Grande-Trappe.* — Devise : *Charitas vinculum perfectionnis.* — Bibliog. *Bibliographie et Iconographie de la Maison-Dieu N. D. de la Trappe*, par H. Tournoüer. Mortagne, Marchand 1894. *Histoire populaire... de la Grande-Trappe.* Bordeaux, Delmas 1903.

Id. — *Lestrange.* — Biog. *Vie du vénérable Abbé D. A. de Lestrange.* Aix, Poitiers, 1829, 1834. — *Dom Augustin de Lestrange et les Trappistes pendant la Révolution.* Grande Trappe, 1898.

---

1. Les devises des Trappes, que je donne ici, m'ont été aimablement communiquées par le R. P. Léon, d'Aiguebelle, qui les a trouvées dans un livre. Plusieurs d'entre elles ne me paraissent pa voir cours.

335. — Dom Joseph *Hercelin*, est né à *Saint-Gongard*.

Id. — *Avant dernière ligne*. — Ici le premier parti est de *Cîteaux*.

336. — *Melleray*. — Devise : *Lex tua super mel et favum*.

338. — *Port du Salut*. — Devise : *Illic meus satiat sitim*.

340. — *Durat*. — Sceau (à l'humide) : petit ovale oblong ; écu aux armes ; lég. : ✳ *Sig. f. Joannis abb. Sancti Loci Sept. Font.*

Id. — *Daverat*. — Devise : *Spes nostra*. — Sceau (à l'humide) : écu aux armes, etc.; palmettes au bas ; devise au-dessus du chapeau ; lég. : *Sigillum F. Mariæ abbatis Sanctæ Mariæ de Deserto*.

341. — *Sainte Marie-du-Mont* fut érigée en abbaye en 1847 et non en 1874.

342. — *Wyart*. — Sceaux: 1º rond; écu aux armes dans un cercle orné de trèfles, sans devise ; lég. : *Sig. fr. Sebastiani abbatis gen. ord. Cisterciensium reform. antiquior. de Trappa Romæ ;* 2º plus petit, à relief et elliptique ; écu etc.; devise sous le chapeau ; lég. : *Sig. fr. Sebastiani abb. gen. ord.* ✝ *Cisterciensium reform. Romæ*.

343. — *Staouëli*. — Devise : *Plenitudo legis et dilectio*.

344.—*Thymadeuc*. — Bibliog. *N.-D. de Thymadeuc.* St Brieuc, Prudhomme 1899.

344.5. — *Dugué*. — Biog. *Vie du R. P. P. Bernard...*, par.... de Bélizal. Paris, Douniol 1862.

345. — *Chevalier*. — Né à Casson *(Loire-Inférieure)*.

347. — Dom Antoine *Oger* a été bénit le 5 juin 1892.

351. — *Agrigente*. — Le nom de ce prélat est *Maret*. Dans ses armoiries la forteresse et le lion sont une allusion à son prénom de *Léon* et l'agneau pascal, à celui de *Jean-Baptiste*. Mgr Maret, qui est vicaire général de Syra, a parfois un peu modifié ses armoiries prélatices, spécialement dans son *ex-libris* ; ainsi au premier quartier on trouve le chef *d'argent chargé de 3 fleurdelys d'azur* et sous la tour, le mot *Billomum*.

352. — Mgr *Angers-Billards* est décédé en octobre 1906.

Id. — Mgr *d'Armailhac* est mort à Rome, le 2 janvier 1907.

354. — Mgr *Cadène* est mort à Rome, le 19 août 1907.

355. — Mgr *de Chazelles*, une fois le décès de Mgr Baptifolier, dont il devait être suffragant, arrivé, n'avait plus de raison d'être évêque « l'épiscopat n'étant ni une récompense, ni une décoration, mais un ministère ». *(Lettre de Mgr de Chazelles, du 27 février 1908)*. Il a été nommé depuis peu « coadjuteur de Mgr Marinanzelli, patriarche d'Alexandrie, au canonicat de Latran, avec succession. » *(Id)*.

Id. — Mgr *Chrestia* est décédé en mars 1906.

357. Mgr *de Cornulier*, n'était pas de la branche de Lucinière. Il est décédé au château de la *Preuille*, le 2 décembre 1876 et non 1885.

352. — *Dehaisnes*. — Sa devise vient d'un vitrail fait pour ses ancêtres, des brassiers, et qu'il a légué à M. Quarré-Reybourbon. On y voit :

> Sainct Arnoul, ô bon patron, je vous requière
> Qu'il vous plaise me laisser boire vostre bière ;
> Tous les jours de ma vye je vous serviray.
> Sans porter querelle à personnes,
> Toute ma vie Dehaisnes seray. — Anno 1638.

Biog. : *Mgr Dehaisne,* par l'abbé Leuridan. Lille, Quarré 1897.

356. — *Ligne 21.* — *Crancey* et non Grancey.

362. — *Rayneval.* — D'après la lettre de part de son décès, il n'était que prélat de S. S., mais Référendaire à la Signature papale et supérieur de Saint-Louis-des-Français à Rome.

363. — Mgr *Henry* est décédé dès août 1906.

364. — Mgr *de La Douespe,* né en 1820, aurait été chanoine de Rennes et de Luçon, mais non de Reims.

366. — *Hulst.* — Biog. *Vie de Mgr d'Hulst,* par Mgr Perraud. Paris, Poussielgue 1908.

367. — *Marc' Hallac'h.* — Armes : *d'or à 3 poteaux, ou orceaux, de gueules.* C'est Potier de Courcy et l'Estourbeillon qui ont dit et dessiné des *pots-à-eau,* mais les mss. de la Réformation de Bretagne disent *poteaux,* et de vieux auteurs ajoutent ou *orceuilles* ou *orceaux,* ce qui est exact.

Id. — Mgr *Mathieu,* né le 4 novembre 1824, protonotaire en avril 1886, décédé le 23 novembre 1896.

369. — *Pascal.* — 10 mars 1893, plutôt que 1813.

370. — *Ligne 6.* — *Custines* au lieu de Crestines.

372. — *Rumel.* — Né à *Mons-en-Pévèle.*

376. — *Andrieu.* — Ce prélat a reçu le chapeau cardinalice le 19 décembre 1907.

378. — Mgr *Bonaventure* est décédé à Chavanod, près d'Annecy, le 12 mars 1907.

379. — *Breynat.* — La date de naissance (3 janvier 1868) vient de l'*Annuaire Pontifical* et cependant le R. P. Gandar, des Oblats, m'assure qu'elle est du 5 octobre 1867 à Saint-Vallier (Drôme). Il a été sacré à Saint-Albert le 6 avril 1902.

Id. — Lorsque Dom *Cabrol* n'était que prieur conventuel de Farnborough, il avait un sceau à cire représentant un dauphin enroulé autour d'une ancre, avec la légende : † *Sig. prioris. Farnburgensis* † et le chrismon.

380. — Mgr *Canappe* est décédé à Wailly, le 20 ou le 21 septembre 1907.

Id. — Mgr *Dartois* serait décédé le 3, et non le 1ᵉʳ, avril.

381-2. — *Dubois.* — Sceau (en papier) : rond ; écu aux armes posé sur une croix et surmonté du chapeau ; devise en bas ; pas de légende.

382. — *Gaugain.* — La description de ses armoiries est à la p. 392. Les fruits de l'olivier sont de sinople, ombrés d'or seulement. — Devise : *Opere et veritate.* — Sceau (à cire) : rond ; écu aux armes etc. dans une rosace polylobée ; pas de légende.

Id. — Mgr *Kunemann* est décédé, noyé en mer, sur la côte du Sénégal entre le 20 et le 25 mars 1908.

383. — Mgr *Lacroix* a donné sa démission, acceptée le 19 octobre 1907.

386. — *Ricard*. — Sceau (à froid) : rond ; écu aux armes, etc.; légende : †
Sigillum T. F. Ernesti ep. Engolimensis. Mgr Ricard a été promu à l'archevêché d'Auch le 15 avril 1907.

Id. — *Rocquancourt*. — Mgr l'archevêque de Carthage a fait rendre, en 1894, à
l'abbé Rocquancourt, dont le nom patronymique serait Sanguin, son titre et
son diplôme de chanoine de Carthage. Il y a donc longtemps qu'il n'est plus
prélat ; il s'est donné ensuite comme évêque de Sydda et, en février 1907, a
eu affaire avec la justice.

Id. — *Santenac*. — Le chrismon est *d'or* dans ses armoiries, qui étaient celles de
Mgr Grussenmeyer (voir au début), et que comme ami il prit lorsqu'il était
prélat.

387. — *Sirvain*. — Sceau (à l'humide) : ovale ; écu aux armes avec les attributs
ordinaires ; devise au bas ; lég. : † *Sigillum F. M. Bernardi abbatis B. Mariæ
de Dumbis ord. Cisterciensium refor.*

388. — *Mme Couturier* se prénomme Scholastique ; elle est née à Glas-la-Fer-
rière (Orne) le 3 mai 1840 et a été bénite abbesse de Saint-Nicolas-de-Verneuil
le 27 novembre 1904. — Armes (rectifiées) : *coupé : d'azur à la colombe esso-
rante et contournée d'argent, mirant une étoile d'or rayonnante placée dans le
canton sénestre du chef ; et d'argent au coq hardi de gueules, becqué, cretté et
onglé d'or* (rappelant celui des Rouxel) ; *à la fasce d'or brochant sur la parti-
tion.* — Devise : *Fortiter ac devote cum ecclesia in Christo.*
L'abbaye a été fondée, non par Pierre de Rouxel baron de Médavy, mais le
25 avril 1627, par sa veuve, Charlotte Hautemer-Fervacques, comtesse de
Grancey, dont la fille Scholastique, fut la première abbesse. Ses armes sont :
de sinople au Saint Nicolas d'or. Son sceau : grand et elliptique ; sous un
baldaquin gothique la représentation de la légende de saint Nicolas ; au bas
l'écusson des Rouxel de Médavy : *d'argent à 3 coqs hardis de gueules ;* légende :
Sigillum : abbatiæ ; sci ; Nicolai : de ; Vernolio.

Id. — *Note 2.* — Les *Norbertines* ne sont pas *Bénédictines,* elles sont affiliées à
l'Ordre des Prémontrés.

389. — Il faut ajouter à la liste des abbesses, *Madame Grandineau* née à Lon-
dres, le 15 juillet 1830, élue abbesse de Saint-Nicolas-de-Verneuil le 27 juillet
1871, bénite le 26 novembre 1872 et décédée le 2 juillet 1892. — Armes :
d'argent à la bande d'azur chargée d'une étoile d'or. — Devise : *Vetera instaurare.*

392. — *In fine.* — Mgr Alexandre *Bonnaz* est né le 11 août 1812 à Challex, du
mariage de Jean-Antoine Bonnaz et de Françoise Augueniat. Il fut nommé, le
27 juin 1860, évêque de Csanàd et sacré le 28 septembre suivant. Il est mort
à Temesvar, le 9 août 1889. — Armes : *écartelé : aux 1 et 4 de gueules à la fleurdelys d'or ; au 2 d'azur à 2 épis de blé d'or en sautoir ; au 3 d'azur à la grappe
de raisin d'argent ; sur le tout de... à la croix potencée (ou ancrée) de...* — Sceau
(à cire) : grand ovale ; écu aux armes, timbré d'un heaume sommé d'une
couronne de laquelle émerge la croix et placé entre crosse et mitre ; chapeau ;
légende : *Alexander Bonnaz D (ei) et A (postolicæ) S (edis) G (ratia) episcopus
Csanadensis.*

LETTRES DE FÉLICITATIONS ET DE CRITIQUE[1]

ARTICLES DE REVUES ET DE JOURNAUX

Lettre de S. G. Mgr de Carsalade du Pont, évêque de Perpignan

Perpignan, 25 septembre 1907.

Cher Monsieur,

Je vous remercie bien cordialement de l'envoi que vous m'avez fait de votre Armorial des Prélats français et je vous félicite bien sincèrement d'avoir apporté à l'histoire religioso-héraldique de l'Eglise de France une si copieuse et si sûre contribution. Il se dégage de ce recueil des constatations curieuses. Les évêques qui furent promus lors de la signature du concordat et ceux qui furent nommés sous Louis XVIII et Charles X appartenaient encore — en majorité — à la noblesse ou à la bonne bourgeoisie. Leurs armoiries sont simples et conformes aux règles de l'héraldique. Mais depuis que l'épiscopat s'est recruté en bas, quelles armoiries bizarres ! Les ordres religieux seuls ont gardé la saine tradition ; ils y sont encore fidèles. — Merci donc de tout cœur.

Comme vous j'ai regretté de ne pouvoir vous faire visiter l'an dernier notre Saint-Martin-du-Canigou. Je suis heureux du bon souvenir que vous avez rapporté de cette excursion archéologique et je compte sur votre bonne visite l'année prochaine.

Agréez, etc.

† Jules, Ev. de Ppan.

* * *

Lettre de S. G. Monseigneur Pelgé, évêque de Poitiers

Poitiers, 20 novembre 1906.

Cher Monsieur le Comte,

Les soucis sans nombre, qui se disputent tous mes instants, m'ont empêché

---

1. Dans le sens où l'on dit : *critique littéraire.*

jusqu'ici, à mon grand regret, de vous accuser réception de l'exemplaire de l'*Armorial des Prélats* du xixᵉ siècle, dont vous avez eu la grande amabilité de me faire hommage. Je suis on ne peut plus touché de cette amabilité. De tout cœur je vous remercie. Votre volume aura une place d'honneur dans ma bibliothèque.

Je ne puis que vous féliciter et vous encourager à utiliser vos loisirs à des recherches, comme celle que vous avez entreprise et menée à bonne fin. Vous continuez ainsi des traditions de famille. Veuillez agréer, etc.

† Henry, év. de Poitiers.

* * *

Lettre de S. G. Mgr Douais, évêque de Beauvais

Beauvais, ce 28 août 1907.

Monsieur le Comte,

... Même aujourd'hui il faut que je prenne sur le temps que je dois à mon diocèse pour vous remercier d'un tel ouvrage. Il vous a demandé un soin minutieux, des recherches nombreuses, une grande attention. Vous y avez condensé des renseignements précieux. Evêques sans sièges résidentiels, missionnaires, abbés de France et de l'étranger, tous y sont. En outre traitant un sujet particulier, vous avez, ce me semble, bien mérité de la science du Blason.

Agréez avec ma gratitude, etc.

† J. C. Douais, Ev. de Beauvais.

* * *

Lettre de S. G. Mgr Linvinhac, évêque titulaire de Pacondo

Maison Carrée, 31 décembre 1906.

Monsieur le Comte,

Vous avez bien voulu faire hommage aux Pères Blancs de votre *Armorial des Prélats français du xixᵉ siècle*. Je m'empresse de venir vous offrir l'expression de notre gratitude et de vous dire combien nous sommes heureux de posséder votre savant ouvrage, fruit de patientes recherches et d'une connaissance peu commune de la science héraldique.

C'est un véritable monument destiné à sauver de l'oubli un détail qui peut paraître insignifiant à des esprits superficiels, mais qui a une réelle importance.

En choisissant ses armes, en effet, un prélat s'efforce de traduire par des signes emblématiques et par une devise, un de ses sentiments les plus intimes ; il nous révèle ainsi un des traits caractéristiques de sa personne.

Vous avez donc rendu un précieux service à l'histoire religieuse en réunissant dans un magnifique volume les armes des Prélats français d'un des plus grands siècles de l'Eglise de France. Aussi est-ce de tout cœur que je vous félicite d'avoir entrepris et mené à bonne fin ce grand ouvrage.

Avec mes vœux pour sa diffusion parmi les hommes capables de le comprendre et de le goûter daignez agréer, etc...

† Léon Livinhac, év. tit. de Pacondo, sup. gén. des P. B.

*
* *

S. G. Mgr Le Roy, évêque d'Alinda et supérieur général de la Congrégation du Saint Esprit, m'a également envoyé un petit mot très aimable. S. Em. le Cardinal Lécot m'a remercié de vive voix de la façon la plus gracieuse.

*
* *

Lettre de Monseigneur Battandier [1], protonotaire apostolique, consulteur de la Congrégation des Evêques et Réguliers, etc.

Rome, 11 décembre 1906.

Monsieur le Comte,

Ce m'est un vrai plaisir de vous remercier de l'envoi de votre précieux volume... Déjà, selon mes faibles moyens, j'ai fait de la propagande pour faire connaître votre ouvrage. J'en ai parlé, et avec grand plaisir, dans mon Annuaire de cette année, et dans mes conversations, mettant en relief la mine précieuse que contiennent ces 400 pages.

Sachant par expérience comment se font les livres du genre du votre, je suis étonné de la quantité de recherches dont il témoigne, de l'exactitude de tous les détails ; il me semble que vous avez dû passer des années, uniquement à recueillir les matériaux que vous avez su si bien disposer.

Mais je vous dois un remerciement particulier pour l'Introduction, où vous me faites vraiment une place que je ne mérite pas. Grâce à vous, mon *Annuaire Pontifical* passera à la postérité, et je ne saurais trop vous remercier de la bienveillante réclame que vous avez bien voulu lui faire.

Votre Introduction est un traité que devraient connaître tous ceux qui ont le culte de la hiérarchie. Il n'y a rien de petit dans la sainte Eglise, et à cause de cela je désirerais que votre volume fut entre les mains de tous les prélats.

Les illustrations dont vous avez parsemé votre érudite publication sont très bien gravées ; un certain nombre, au lieu de nous donner les armoiries du prélat nous présentent l'écusson entier avec ce qui l'accompagne. Parcourir ces écussons est chose assez intéressante qui nous fait voir à quel point arrive l'ignorance des graveurs, ou des soit-disants héraldistes diocésains.

Et puis, grâce à la description exacte de tous les blasons, vous nous faites un véritable cours pratique de sciences héraldiques, mais j'imagine ce qu'à dû vous coûter la description de certains d'entre eux, qui sont aux règles du blason ce qu'une veilleuse est au soleil. Mgr. X... nous met dans son écusson un paysage africain éclairé par le soleil levant ; je connais un prélat italien, Mgr Z..., qui

---

1. C'est grâce à l'extrême obligeance de Mgr Battandier que j'ai eu l'insigne honneur d'offrir au Souverain Pontife un exemplaire de mon Armorial.

a fait mieux ; il a mis tout simplement dans ses armes la carte de son vicariat apostolique !

Mille remerciements donc, mon cher Monsieur le Comte ; vous avez dressé un monument à la gloire de l'Eglise de France, et tous ceux qui aimant cette Eglise, désirent garder le souvenir du zèle, des souffrances et de la vaillance de ses pasteurs, trouveront dans votre livre de quoi perpétuer dans leur cœur cette mémoire.

Je suis, etc...

Dr ALBERT BATTANDIER.

****

Lettre du R. P. Dom Colomban Legros, Abbé de Lérins

Abbaye de N.-D. de Lérins, 1er décembre 1906.

Monsieur le Comte,

Après avoir parcouru votre si intéressant Armorial je viens vous remercier de la trop délicate attention que vous avez eue de vouloir bien m'en faire hommage.

Les quarante premières pages de ce volume « Essai » me paraissent former une étude sérieuse de la matière et donnent un précieux résumé de tout ce qui concerne les *armoiries* et les *dignités prélatices*. On aime à constater que l'auteur, tout impartial, ne craint pas de dire la vérité et d'insister sur certains points, par exemple sur les défauts à éviter dans la composition des armoiries.

La liste de tous les prélats français du xixe siècle, dont le texte est très documenté et illustré, fait vraiment de ce volume un travail de Bénédictin. Veuillez recevoir mes bien modestes félicitations. Le P. Vincent, à qui je viens de passer le volume, se réjouit de le lire, et il se propose d'user de la permission donnée par l'auteur (p. 41) pour lui soumettre ses remarques. Je le charge d'en lire les premières pages à la communauté des Pères réunis à la salle capitulaire. C'est vous dire que votre ouvrage sera apprécié à l'abbaye de Lérins.

Veuillez agréer, etc...

Fr. MARIE COLOMBAN.

****

Lettre du R. Père Supérieur de la Congrégation des SS. Cœurs et de l'Adoration (Picpus)

Braine-le-Comte, mars 1907.

Monsieur,

J'ai parcouru votre magnifique ouvrage, qui est appelé à rendre bien des services à l'histoire religieuse en général et à celle des missions et des abbayes en particulier. Il aidera, je l'espère, les futurs prélats à se composer des armoiries plus conformes aux règles canoniques et héraldiques. Je vous en remercie bien sincèrement... (*suivent des réflexions au sujet des armoiries de Mgr Maigret, de Mgr Verdier, qui ont été relatées plus haut*). Je me ferai un véritable plaisir d'annoncer l'apparition de votre livre dans nos Annales, mais pour en faire l'article bibliographique que je me propose de rédiger j'attendrai les réponses des Sandwich au sujet des armes de Mgr Maigret (1).

En attendant, veuillez agréer, Monsieur le Comte, l'expression de ma respectueuse gratitude pour ce très beau et curieux volume, si intéressant pour nous.

F. Ildefonse Alagard SS. C.

* *

Lettre du R. P. Gandar, Assistant de la Congrégation des Oblats de Marie

Paris, le 5 décembre 1906.

Monsieur le Comte,

... Votre Armorial est un magnifique monument que vous avez élevé à la gloire des Prélats français du xixe siècle. Grâce aux nombreuses démarches que vous avez eu la bonté de faire, à une patience inaltérable, que j'ai plus d'une fois admirée, vous avez pu réunir tous les éléments dont vous aviez besoin pour le paragraphe que vous désiriez consacrer aux Evêques de la Congrégation des Oblats de Marie-Immaculée. Laissez-moi vous en remercier de nouveau et vous féliciter d'avoir si bien réussi. *(Si j'ai réussi, je le dois en grande partie à l'aide constante du R. P. Gandar).*

Ce paragraphe a naturellement attiré le premier mon attention. Tout y est bien et les renseignements sur chaque prélat très exacts. Les armes ressortent très bien et sont parfaitement interprétées.

Veuillez agréer, etc. Gandar.

* *

Le R. P. Régis, Procureur des missions de la Société de Marie, qui lui aussi m'a beaucoup aidé, m'a remercié en termes presqu'identiques.

* *

Lettre du R. P. Chapotin, de l'Ordre des Frères Prêcheurs (Dominicains)

24 janvier 1907.

Monsieur,

J'ai reçu hier le beau, savant et précieux ouvrage que vous avez la bonté d'offrir à notre Ordre. Je le garderai chèrement, jusqu'au jour où il pourra prendre une place d'honneur dans la bibliothèque de notre vieux couvent reconstitué. Ce jour viendra par la grâce de Dieu.

---

1. En juin 1908 je n'ai encore rien reçu.

Que de recherches patientes pour obtenir et classer tant de renseignements ! C'était une œuvre qui manquait à l'histoire de notre épiscopat moderne.

Veuillez me permettre une toute petite observation d'archéologue et d'historien. A propos de certaines armoiries vous parlez p. 226 de la croix de l'Inquisition. J'ai entendu, même des Dominicains, nommer ainsi cette croix fleurdelysée, alternativement d'argent et de sable, se détachant sur le sable et l'argent d'un écu gironné de 8, quand on la place sur un écu, « de l'un en l'autre. » Or cette croix appartient en propre à notre Ordre. On la trouve sur le grand portail de notre église de la Minerve, à Rome, avec cette inscription : *Hæc sunt insignia ordinis Fratrum Prædicatorum*, C'est seulement au xviie siècle que se sont introduits dans les sceaux et armoiries de nos dignitaires et prélats le chien, la chape etc.; et encore la croix était généralement conservée émergeant des quatre côtés de l'écu qui la couvrait.

Il peut se faire qu'un certain nombre d'inquisiteurs dominicains l'aient arborée ; de là l'erreur. Mais il est certain que les Franciscains, qui partageaient avec nous, depuis le xiiie siècle, les fonctions inquisitoriales en France, ne s'en sont jamais servis.

Agréez, je vous prie, etc...

Fr. CHAPOTIN, DES FR. PRÉCH.

*
* *

Lettre du R. P. Vincent,
de l'Ordre des Cisterciens de l'Immaculée Conception

Abbaye de Lérins, 19 janvier 1907.

Monsieur le Comte,

Il me tarde de joindre mes remerciements à ceux exprimés par mon Rév. Père Abbé *(voir ci-dessus la lettre de Dom Colomban)*... Il suffit de parcourir quelques instants votre livre pour se convaincre qu'à côté de renseignements techniques les plus précis on y trouvera une foule de choses intéressantes, des détails peu connus, des aperçus historiques, toute une série de précieuses indications qui viennent se grouper autour du sujet principal. Et que de travail suppose un livre de ce genre *(etc. de trop bienveillants compliments)*! Parmi les tables qui le terminent se fait surtout remarquer la très ingénieuse *Table des figures héraldiques*..... En lisant votre ouvrage à la Communauté, j'ai insisté : 1º sur l'inconvenance que vous signalez au sujet de la représentation de Notre Seigneur, de la Vierge ou des Saints dans les armoiries ; 2º sur l'obligation de dessiner priant *tête nue* un prélat qui figure agenouillé ; 3º sur la nécessité de consulter les auteurs quand il s'agit de composer un dessin héraldique nouveau ou d'en reproduire un ancien.

Je profiterai de la permission que vous donnez à vos lecteurs, pour vous soumettre quelques réflexions. Et d'abord sur le frontispice figure un Abbé tenant sa crosse *volute en dedans*. Nous n'avons pas là un dessin de blason mais une gravure, et je me demande si vous pensez que les Abbés doivent tenir ainsi la crosse. Dans sa savante étude « les Abbés au moyen âge », publiée dans la Revue des questions historiques, année 1885, Dom Chamard parle de la crosse *à volute tournée en dehors* d'un abbé Raganaldus, puis il ajoute : « Des monuments que nous venons de citer il ressort... que les Abbés aussi bien que les évêques portaient alors la volute de leur crosse *tournée au dehors* ; et nous devons applaudir à la remarque judicieuse, faite récemment par M. Ernest Rupin : « Les Abbés, dit-il, d'après certains liturgistes, devaient porter la volute *tournée en dedans*, vers l'épaule, pour indiquer que leur juridiction était limitée à l'intérieur de leur monastère... Bien des monuments figurés, nous en avons une nouvelle preuve dans la châsse de Moissac, viennent à chaque instant donner un démenti formel à cette théorie. »

D'ailleurs en ce qui concerne les Cisterciens, le Rituel de l'Ordre porte expressément (lib. VIII, cap. VII, n° 3) : « *Gestat illum (baculum) Abbas manu sinistra ita ut pars curva versa sit ad conventum.* »

Page 17 : les Abbés timbrent leurs armoiries d'un chapeau noir avec glands pareils. Leur chapeau usuel est aussi noir, mais Mgr Grimaldi nous a fait savoir, en 1891, que si un Abbé obtenait le privilège de la *cappa magna*, il avait droit comme conséquence au *galon vert* au chapeau, et au rochet à manches au lieu de la *cotta*. Ce galon vert au chapeau de ville a-t-il pour effet de transformer en chapeau *vert* le chapeau *noir* des armoiries ? je l'ignore ; quelques-uns l'affirment.

Page 20 : l'usage de voiler d'un linge fin la volute de la crosse abbatiale. — (Citation de l'*Annuaire pontifical* de 1900, p. 289). — Le Rituel cistercien paraît indiquer que, dans les monastères de l'Ordre, la seconde manière de fixer le voile de la crosse était adoptée uniformément, car on lit *(ut supra)* : « *Pars superior (baculi)... conjungitur mediæ rectæ aliquo opere cœlati argenti..; ei appenditur, quia abbatialis est, velum sericeum, quo possit tegi manus ferentis.* » Dans des gravures, qui ornent certains livres cisterciens on voit en effet ce voile de la crosse suspendu à la partie inférieure de la volute, au moyen d'un anneau.

Page 31, vous dites : « Mais ce rituel ne date que de Dom Augustin de Lestrange ». — Celui qui vous a donné ce dernier renseignement vous a induit en erreur. Le Rituel cistercien, en usage dans tous les monastères de l'Ordre, date de 1689. Si l'on m'objectait que le XVIIᵉ siècle fut une époque peu recommandable en ce qui touche aux travaux liturgiques, je répondrais que le rituel cistercien, édité en 1689 n'est qu'une compilation (et c'est ce qui en fait la valeur) de l'antique *Liber usuum* ou *Consuetudines ecclesiasticorum officiorum*, et des définitions des Chapitres généraux qui, dès les premiers temps de l'Ordre, avaient réglé la liturgie. La mention du cordon *violet*, en 1689 n'est donc que la constatation officielle de l'usage des prélats cisterciens, depuis l'époque où la croix pectorale était devenue un ornement réservé aux Evêques et aux Abbés.

La couleur violette est donc la couleur régulière du cordon de la croix pectorale des Abbés cisterciens. Cependant comme le *vert* est supérieur au *violet*, la coutume a pu prescrire sur ce point, et elle paraît avoir prescrit. De plus, par communication avec les Abbés de l'Ordre de saint Benoît, nous pouvons faire comme eux et prendre le cordon vert, qui d'ailleurs n'est pas interdit par le décret d'Alexandre VII. Quelques Abbés cisterciens portent le cordon violet dans leurs églises et le cordon vert, en dehors de leur monastère.

Page 31 : « Ils (les Abbés) sont bénits par un évêque... pour quelques uns, mais pas en France ni chez les Cisterciens, la bénédiction par l'Ordinaire n'est pas nécessaire » (1). Je crois que les Abbés cisterciens pourraient exercer les pontificaux, sans avoir reçu la bénédiction abbatiale, mais comme ils doivent la recevoir un jour il ne paraît pas convenable qu'ils officient pontificalement avant leur bénédiction.

Quant à l'obligation de recevoir de l'Ordinaire ou d'un Evêque quelconque la Bénédiction abbatiale, il faut distinguer, au moins pour l'Ordre de Citeaux. Le pouvoir de bénir les Abbés de l'Ordre a existé et existe encore chez les Cisterciens. C'est ainsi que notre Abbé Général, Dom Amédée de Bie, vient de bénir il y a quelques années Dom Schoen, son successeur sur le siège abbatial de Bornhem (Belgique). Jusqu'en 1800, tous les Abbés de notre Ordre étaient bénits par l'Abbé Vicaire Général de chaque Province, délégué à cet effet par l'Abbé de Citeaux, et aujourd'hui encore ce pouvoir appartient à l'Abbé Général de la Commune Observance et à celui de la Stricte Observance.

Veuillez agréer, etc...

FR. MARIE VINCENT, C. I. C.

(Je n'avais fait qu'effleurer ces questions de liturgie simplement à cause de leurs relations avec les armoiries prélatices. La lettre ci-dessus et celle qui suit les traitent d'une façon plus approfondie, qui sort peut-être bien un peu du cadre de mon ouvrage ; mais elles sont présentées d'une façon si documentée, si intéressante et en même temps si honorable pour mon livre, qui est l'objet de ces savantes communications, que je me fais un devoir, un plaisir et un honneur de les reproduire.)

* *
*

Lettre du R. P. de Saint-Michel, Bénédictin

Appuldurcombe, 10 janvier 1907.

Cher Monsieur,

J'ai parcouru à loisir votre bel *Armorial*. Vos patientes recherches en ont fait une œuvre tout particulièrement remarquable. En dehors de l'intérêt propre que l'ouvrage offre au point de vue héraldique, les renseignements si variés qu'il contient, les précieux détails chronologiques fournis à chaque page rendront les plus grands services à tous ceux qui s'occupent de l'histoire de l'épiscopat français au siècle dernier. On pourra consulter les listes épiscopales de votre *Armorial* comme on consulte les savants travaux de Gams et de Mas-Latrie.

L'Essai sur les armoiries et dignités prélatices françaises, qui forme la préface, avec son excellente bibliographie des ouvrages concernant les armoiries ecclésiastiques, est bien de nature à intéresser le lecteur peu au courant de la hiérarchie des prélats, de leurs prérogatives, etc.

Voulez-vous me permettre pourtant quelques réserves ? Non pas que je prétende déprécier en quoi que ce soit une œuvre pour laquelle je vous ai dit déjà et mon estime et ma sincère admiration, mais je crains que l'*Armorial*, en

---

1. J'ai dit cela en effet, mais j'ai su depuis que les Bénédictins pouvaient la différer ou même s'en passer, il en serait de même chez les Cisterciens.

raison même de l'accueil favorable qu'il rencontrera partout, ne contribue à accréditer certaines notions inexactes, assez souvent répandues dans le monde et contraires, il faut bien le dire, à la tradition ; je vous parlerai de la crosse, puisque c'est à son sujet que vous mettez en cause un Abbé de Solesmes.

Tous les monuments du passé tendent à prouver que jusqu'à une époque relativement récente, il n'existait aucune distinction entre évêques et Abbés, quant à la position de la volute de la crosse. Telle est la véritable tradition, et je crois qu'il est bon de s'y tenir.

Voici ce que dit le P. Cahier dans son ouvrage, *Caractéristiques des Saints* : « On a dit que la crosse des Evêques et des Abbés se différenciaient par la manière dont elles devaient être portées ; la volute, pour un évêque, devrait être tournée en dehors, tandis qu'un Abbé serait tenu de la diriger vers lui ou en dedans, manière de faire entendre, prétend-on, que la juridiction abbatiale est renfermée dans le territoire monastique, ou que son pouvoir pastoral est de concession purement gracieuse et relativement récente. A la vérité, si les gravures modernes semblent avoir adopté cette pragmatique, les sceaux les plus anciens et les plus recevables ne confirment pas, chez nos ancêtres, cette distinction. » Et il cite de nombreux exemples : Hugues de Traines, évêque de Troyes en 1193, a la volute de sa crosse en dedans ; il en est de même de Manassé, évêque de Langres, 1170, de Gui, évêque de Limoges, 1250. Saint Maur, abbé, a la volute en dehors, tandis que saint Eloi, évêque de Noyon, l'a tournée à l'intérieur. Une abbesse de N.-D. de la Règle à Limoges, au XIIIe siècle, porte sur son sceau la crosse en dehors. « Ne sera-t-il pas encore beaucoup plus décisif, ajoute le P. Cahier, de montrer des Papes ayant la crosse en dedans ? Le P. Martin a cité entre autres un St-Grégoire le Grand d'après une miniature du XIIIe siècle... »

Dans un article sur « Les Abbés au Moyen Age », (*Revue des Questions Historiques* 1886, t. 38, p. 87), Dom Chamard cite un manuscrit contenant le testament de saint Amand d'Elnon, dont Mabillon a publié d'intéressantes miniatures. Six personnages sont représentés avec des crosses ; leurs noms sont écrits au-dessus de leurs têtes : Jean, abbé de Saint-Pierre de Grandfeuil, tient un bâton pastoral dont la partie supérieure est bifide, comme ceux des patriarches dans l'Eglise orientale, et l'abbé de Sithiu, saint Bertin, a la crosse à volute simple et tournée en dehors.....

M. Jules Terris (*Les Evêques d'Apt, leurs blasons et leurs familles*) reproduit les sceaux de Pierre de Saint-Paul, 1168 et de Geoffroy II de Dalmas, 1246 ; l'un et l'autre ont la crosse tournée en dedans. Ces deux sceaux sont extraits de l'*Iconographie des Bouches-du-Rhône* par M. Blancard.

M. Paul de Farcy, dans la *Sigillographie de Normandie* (Evêché de Bayeux), donne le sceau d'Odon de Conteville, 1050, qui n'a encore que le bâton en forme de tau. Henri II, 1165, a la volute de sa crosse à l'intérieur. Robert des Ablèges, 1206, Gui, 1241, Odon de Lorris, 1263, portent la crosse de même. Pierre de Beneins, 1276, tourne la sienne en dehors. Jean de Bouquetot, 1412, a une crosse en pal derrière l'écu tournée à dextre sur le grand sceau, à senestre sur le petit.

L'*Armorial des Evêques de Marseille*, de l'abbé Albanès, nous montre Foulques de Thoranne, 1170, avec volute en dehors ; Rainier, 1188, l'a tournée en dedans ; Pierre de Montlaur, 1214, Benoît d'Alignon, 1227, à l'intérieur sur une bulle en plomb, à l'extérieur sur leur sceau. Enfin Nicolas de Brancas, 1445, a la crosse tournée à l'intérieur sur son grand sceau ; celle du petit, tournée à l'extérieur, est munie du velum.

C'est seulement à l'époque moderne que l'on s'efforce d'établir une distinction dans la façon de porter la crosse pour les Evêques et les Abbés. Comme vous le faites très bien remarquer, cette innovation est d'origine gallicane. Il semble douteux d'ailleurs qu'elle ait jamais réussi à faire loi ; et malgré l'énergie déployée par certains pour l'imposer, ni d'un côté ni de l'autre les intéressés ne paraissent l'avoir prise très au sérieux.

Déjà au xviiie siècle, par son spirituel *Traité de la Crosse*, appuyé de preuves très sérieuses, le chanoine de La Tour, doyen de l'église de Montauban, avait prouvé le peu de fondement de toutes ces subtilités byzantines.

« Pour tâcher de contenter tout le monde, dit-il p. 22, les Papes ont mis des
« distinctions dans les ornements entre les évêques et les abbés quand ils se
« trouvent ensemble, comme dans un synode ; car partout ailleurs, il leur laisse
« une pleine liberté de prélatiser..... Quant à la crosse et son crochet et sa tour-
« nure, le Pape n'en parle pas et n'y met aucune différence ; on n'a donc pas
« droit d'y en mettre, c'est une puérilité moderne dont ni les canons, ni les
« rubriques, ni les écrivains n'ont daigné faire mention. Tout est donc égal sur
« cet article dans les cérémonies : même bénédiction, même formule, même
« avis, même tradition, même posture dans le bénissant et le béni, comme dans
« le consécrateur et le consacré.

« Il n'y a non plus ni canon, ni rubrique, ni arrêt, qui prescrive rien sur la
« situation du crochet d'une crosse dans un écusson ; on n'en trouve de vestige
« que dans quelque dictionnaire de blason, dont l'auteur, homme grave dans
« les matières ecclésiastiques, aura dit de son autorité : les évêques tournent
« la crosse en dehors et les abbés en dedans. On a suivi cette idée comme un
« canon respectable ; on en a fait une prérogative essentielle de l'épiscopat. »

D'autre part, dans *le Véritable art du Blason* (Lyon 1671, p. 199), le Père Ménestrier dit que « les abbez portent la crosse et la mitre comme les éves-
« ques, mais leur mitre doit estre tournée en pourfil et la crosse devroit estre
« tournée en dedans, n'ayant jurisdiction spirituelle que dans leurs cloistres.
« On n'y regarde pas de si près et il en est peu qui ne mettent l'une et l'autre
« comme les évesques. Les abbez d'Allemagne attachent à leurs crosses une
« petite écharpe, ce qu'on ne pratique pas ailleurs. Néantmoins Tamburin en
« fait la marque de distinction entre les évesques et les abbez. »

L'*Abrégé méthodique des principes héraldiques* (Lyon, 1681 p. 186), du même P. Ménestrier, reproduit les armes de Gaspard de Daillon, évêque d'Agen, avec la crosse en pal derrière l'écusson et tournée en dedans. Claude d'Albon abbé de Savigny, et Anne d'Albert, abbesse de St-Pierre de Lyon, ont la crosse en dehors, alors qu'à la ligne suivante N. de la Fay, abbé régulier, a sur son écu la crosse en dedans avec le *velum*, qui a sans doute franchi le Rhin depuis 1671.

La *Nouvelle méthode raisonnée du Blason* (Lyon 1734 p. 208), de cet auteur, donne encore des exemples de la disposition arbitraire de la crosse.

Enfin la *Nouvelle méthode raisonnée du Blason du P. Ménestrier* (Lyon, éditions de 1770 et 1780 pp. 254 et 252) mise en meilleur ordre par Lemoine, archiviste du Chapitre de Lyon, indique la crosse en dedans pour les abbés réguliers et commendataires.

Si la position de la crosse eût signifié quelque chose quant à la juridiction,

les abbés commendataires, souvent laïcs, parfois protestants, et ne jouissant à
ces deux titres d'aucune juridiction, durent être fort embarrassés pour disposer
la volute d'une crosse dont ils ne pouvaient user.

On trouve également trace dans la *Vraye et parfaite science des Armoiries* de
Palliot (p. 211) de l'incertitude qui existait relativement à cette distinction récla-
mée par les uns, contestée par les autres. « La mitre des évesques doit être
« posée de front et au costé droit et la crosse au costé gauche, laquelle doit être
« tournée à senestre, suivant que l'a très bien observé M. Faure, pour montrer,
« dit-il, la jurisdiction qu'ils ont dehors. »

Et plus loin, p. 213 : « Les abbés mitrés timbrent aussi leurs écus d'une mitre
« et d'une crosse, la mitre à droite, et en profil et la crosse à gauche tournée en
« dedans, pour donner à entendre, dit le même M. Faure, qu'ils n'ont juridiction
« que sur leurs moines et dans leurs cloîtres, à quoy il ajouste que s'ils ont
« juridiction hors leurs cloistres, ils doivent porter leurs crosses tournées en
« dehors. »

Quant au velum, d'origine allemande, il n'était aucunement un signe d'infériorité. Porté indistinctement par les abbés et les évêques, le velum, ou *pannisellus*,
servait à tenir la crosse et empêchait les doigts de marquer sur le métal. Dans
le pontifical de Guncteka, un clerc en longue *cotta* tient la crosse au moyen du
pannisellus. Actuellement encore, il est prescrit au porte-crosse de la tenir avec
un voile huméral spécial, *vimpa*, ou avec l'extrémité des manches de la *cotta*...

En réalité s'il y avait une distinction à faire, je crois que ce serait plutôt la
crosse contournée, ou tournée à ce qu'on est convenu d'appeler l'extérieur, qui
serait un signe d'infériorité. Un heaume taré à sénestre sur un écu n'a jamais
été considéré comme la marque d'un pouvoir plus étendu ; je ne vois pas pourquoi, dans les armes ecclésiastiques, la droite cesserait d'être la place d'honneur.
Ayant posé la mitre à dextre, on a tourné la crosse à sénestre pour l'harmonie ;
et de nos jours, comme aux époques plus reculées, on la rencontre tantôt en
dedans tantôt en dehors suivant le caprice de l'artiste ou la place dont il dispose.

Vous me pardonnerez, je l'espère, tous ces détails beaucoup trop longs.

Je n'ai pas besoin de le répéter : ces quelques réserves n'enlèvent rien au
mérite de votre ouvrage qui demeure un livre utile..... Vous n'avez pas eu un
médiocre mérite à vous tirer de la description de certaines armoiries, qui confi-
nent à l'imagerie plutôt qu'à l'art héraldique. Puisse le contraste entre ces
écussons de fantaisie et la simplicité traditionnelle incliner les prélats de
l'avenir, dans le choix de leurs armes, vers les règles si sages que vous indiquez
pour leur composition.

Veuillez agréer, etc.

Fr. G.-M. DE L. DE St-MICHEL, m. b.

(Je ne me suis pas préoccupé de la position de la volute de la crosse, portée
par un abbé en procession ou dans les cérémonies du culte. C'est par hasard
que mon dessinateur l'a ainsi tournée dans le dessin et l'a fait tenir en main
droite (ce qui ne doit pas être) pour le besoin du dessin. J'ai seulement indiqué
que la distinction de direction de la volute dans les armoiries avait cela de bon
d'indiquer à première vue à quelle catégorie de prélat elles appartenaient, mais
je reconnais que cette distinction n'a rien d'officiel et d'obligatoire ; elle est
simplement rationnelle).

*
* *

Lettres diverses

Taverny, 19 novembre 1906.

Cher Monsieur,

.... Au point de vue du fond on ne pouvait mieux faire. Votre *Essai sur les armoiries et dignités prélatices*, qui ouvre votre ouvrage est bien complet, très documenté et fort intéressant... Votre œuvre très importante est d'une belle mise au point ; je crois qu'on n'y relèvera pas beaucoup d'erreurs graves.

Permettez-moi de vous adresser mes sincères et cordiales félicitations et de souhaiter à votre livre l'accueil qu'il mérite.... Je vous remercie de citer mon nom à plusieurs reprises et en termes très aimables... Recevez, etc.

H. Tausin (1).

*
* *

Compiègne, 14 décembre 1906.

Mon cher ami,

..... Ce n'est pas seulement une nomenclature de prélats et une suite de blasons bien souvent difficiles à décrire, la pensée religieuse qui l'a inspiré paraît fort clairement et les tristes temps où nous vivons leur donnent une cruelle actualité. Comme vous le dites fort bien, c'est une nouvelle démonstration du fécond mouvement religieux, brusquement interrompu. Quelle en sera la conséquence ?

Bᵒⁿ DE BONNAULT,
(Inspecteur divisionnaire de la Société française d'Archéologie).

*
* *

Fayolle, 21 décembre 1906.

..... Ton ouvrage offre tout ce qu'on peut imaginer comme clarté et comme recherches ; noms, dates, armoiries, biographies, bibliographies, on peut dire que c'est aussi complet que possible. *(Le présent fascicule, prouve hélas ! que non)*..... Ce qui m'étonne c'est qu'il y ait si peu d'Ordres ayant des Abbés. Nous, qui vivons dans le passé, nous sommes habitués à parler toujours d'abbayes, et quant aux abbesses seules et combien peu les Bénédictines en ont. Jadis il y avait partout des dalles d'abbesses avec la crosse ou leurs sceaux ; on ne les avait donc pas rétablies? Quand on songe que les chanoines réguliers, qui ont couvert la France, n'avaient plus qu'une abbaye ces dernières années et grâce à vous.

Ton livre restera un modèle et sera un instrument indispensable pour ceux qui auront à s'occuper de ces sujets. Si on réfléchit que les armoiries d'un pape du siècle dernier ne sont même pas certaines, on peut penser que nos pères, nos évêques, nos prélats, pouvaient bien aussi ne pas toujours très bien connaître les leurs.

---

1. M. Tauzin avait préparé pour le *Bulletin du Vieux-Papier*, un compte-rendu détaillé, dont il m'avait soumis le manuscrit, mais il n'a pas paru.

L'illustration est bonne, le titre, de bon style, les en-têtes de chapitres, curieux et bien choisis. Pour le style des blasons, pour l'iconographie, la diversité des écussons reproduits relève bien la monotonie des armoiries prélatices et font de ton livre un recueil très précieux....

Mis DE FAYOLLE.

*(Membre non résident du Comité des Travaux historiques
de l'I. P., président de la Société archéologique du Périgord, etc...)*

*
* *

Rennes, 16 novembre 1906.

Cher Monsieur,

.... Plein de détails fort intéressants votre beau livre est un guide sûr dans l'art héraldique ; il consacre une époque qui marquera dans l'histoire de France et fait partie du Concordat disparu ! Je ne l'ai pas quitté depuis son arrivée ; un de mes fils s'y intéresse à ma grande joie... Que de points intéressants fixés, que d'erreurs redressées ou de mises au point d'une foule d'usages, de particularités !... Grâce à l'hermine j'ai pu relever tous les noms d'enfants de la Bretagne, et ils sont nombreux... Ce n'est pas un *parvum ave* mais de *multa ave* que vous devront les lecteurs.....

J. DES BOUILLONS.

*
* *

Lettre d'un ami, excellent archéologue, qui a désiré conserver l'anonymat

Novembre 1907.

..... Vous saviez ce que je pensais de votre livre, mais je ne puis me dérober à votre aimable insistance d'avoir sollicité mon appréciation par écrit, à la condition que vous ne me nommerez pas si vous la joignez à celles que vous m'avez montrées en manuscrit.

Vous vous souvenez de ce que nous avons dit de gentilshommes, simples écuyers, se donnant de la chevalerie tout d'un coup, sans autre raison que la poussée d'en bas, puis se titrant de leur propre autorité pour se distinguer des parvenus qualifiés écuyers, chevaliers, par l'acquisition de charges anoblissantes ; puis la bourgeoisie prenant la particule pour se distinguer à son tour. J'ai réfléchi à cela en voyant dans votre Armorial des archevêques porter au chapeau les houpes cardinalices, des évêques celles des archevêques, et des prélats romains celles des évêques.

J'avais été frappé du petit nombre de sceaux épiscopaux mentionnés dans votre livre (il est vrai que l'*Episcopat français*, édité par la Société Bibliographique, n'en indique aucun, je crois), quand on songe à l'importance que le sceau — comme vous l'expliquez du reste — avait aux siècles passés. Le manuscrit de votre supplément me prouve que vous en avez retrouvé plusieurs, ce qui doit vous faire regretter d'avoir rencontré des secrétaires ou des archivistes diocésains sourds à vos demandes, quand vous prépariez votre ouvrage.

Vous avez dû parfois être embarrassé pour blasonner différentes croix des armoiries prélatices. J'observe toutefois que les croix tréflées, pattées, ancrées ou ordinaires (l'héraldique) sont aussi nombreuses que celles non héraldiques. Je trouve intéressantes vos explications des motifs qui ont déterminé les évêques à choisir tels ou tels emblèmes pour la composition de leur écusson. Malheureusement un trop petit nombre sont parvenus à votre connaissance.

J'ai été très surpris de voir que la France a donné aux missions une cinquantaine d'évêques n'appartenant à aucun Ordre ou congrégation. Vous devriez songer à faire une petite étude à ce sujet, vous..... Votre ouvrage — et je ne saurais trop insister là-dessus — est des plus précieux pour ce qui regarde les prélats missionnaires. C'est la partie la plus originale et peut-être la plus utile de votre œuvre, sans oublier celle concernant les abbayes. Vous m'avez exprimé, à un certain moment, votre découragement quand, au début de vos recherches, on vous répondit d'une maison-mère, en vous faisant connaître les armoiries d'un vicaire apostolique sur six ou sept, qu'assurément vous n'en trouveriez pas davantage, mais heureusement vous n'avez pas désespéré. J'ai compris par vos notes en bas de pages, par vos explications historiques, archéologiques, héraldiques et autres que cette partie *missions* et *abbés mitrés* est celle que vous avez eu le plus de plaisir à traiter, sans doute parce qu'elle vous a donné le plus de mal. Je vous félicite de.....

Une petite critique, si vous voulez bien le permettre. Que vous ayez inscrit ce qui concerne un évêque devenu archevêque à son premier siège, bien ! Mais pourquoi dans la nomenclature des archevêques ne pas avoir fait suivre avant le renvoi, le nom propre du prénom puis des dates relatives à l'occupation du siège métropolitain ? Un exemple : Besançon, de 1833 à nos jours pas une date dans votre livre ! Il les faut aller chercher à Montauban, à Langres, etc. Vous savez que bien des pièces sont signées simplement du prénom du prélat. Supposez que vous vous trouvez en présence d'un document daté de Besançon, 1883, et signé *Henri*, il vous faudra chercher longtemps avant de savoir qu'il émane de Mgr Foulon ; alors que si, dans votre liste des archevêques de Besançon, son nom était suivi de son prénom et des dates 1882-1887, la recherche en serait bien simplifiée.

Une observation en terminant : des évêques titulaires orthographient parfois le nom de leur siège d'une façon différente de vous. Vous avez suivi, dites-vous, l'orthographe de l'*Annuaire pontifical*. Ne trouvez-vous pas regrettables ces divergences ? *(La première critique est très juste, je suis fautif ; quant à celle-ci je n'ai pas qualité pour me prononcer).*

..... Car croyez que je souhaite à votre ouvrage le succès qu'il mérite, bien qu'il arrive à une époque où le clergé ne pourra le mettre dans ses bibliothèques comme il l'eut fait il y a trente ans. Vous avez fait bonne, érudite et religieuse œuvre ; aussi la flatteuse lettre du cardinal Merry del Val, doit vous avoir été sensible. Croyez, etc...

Y. Z.

Revue Héraldique et Revue des Questions Héraldiques
N° de novembre 1906

Nous sommes heureux de signaler aux lecteurs de notre Revue, en nous permettant de les engager à l'acquérir, ce très important ouvrage d'un de nos collaborateurs qui a apporté à la rédaction de cet armorial tout le soin possible.

Après une introduction, où le plan et le but de l'œuvre sont exposés, l'auteur donne sous forme d'*Essai* une étude très complète des armoiries et des dignités prélatices. Il explique ce qu'est le *sceau ecclésiastique*, comment il se transforma en *écusson* avec emblèmes variés ; puis, à propos des *ornements extérieurs* de l'écu, il ajoute d'intéressants détails sur les couronnes, chapeaux (avec leurs variétés) mitres, crosses, croix, pallium, etc. Ce que sont les cardinaux, les archevêques les évêques résidentiels ou titulaires, les abbés mitrés et les différentes catégories de prélats romains, est l'objet d'un résumé de 9 pages. Viennent ensuite la *Bibliographie*, ou liste des ouvrages provinciaux traitant de blasons épiscopaux, et quelques explications héraldiques.

L'armorial proprement dit débute par les 500 évêques résidentiels de France. Chacun est l'objet d'une courte notice, suivie de la description de ses armoiries et de son sceau, de la mention de sa devise et de sa biographie imprimée. Suivent les cardinaux, archevêques et évêques français ayant occupé en Europe des sièges résidentiels ou ayant, comme *titulaires* servi d'auxiliaires en France. A la suite, donnée pour la première fois d'une façon complète, la nomenclature de l'épiscopat français hors d'Europe au XIXᵉ siècle, c'est-à-dire de 300 évêques, avec notes, blasons, emblêmes les concernant, eux, leurs Sociétés ou Ordres, leurs vicariats apostoliques.

Nous félicitons M. de Saint-Saud d'avoir pu arriver à découvrir la plupart des blasons de ces missionnaires. Pour peu qu'il eut tardé à réunir des documents il aurait été arrêté par la dispersion récente des Sociétés et des Congrégations religieuses (et ceci s'applique aussi aux pages qu'il consacre aux abbés mitrés). Il est en effet extrêmement difficile d'obtenir des renseignements sur les prélats de contrées perdues, ou morts il y a fort longtemps en pays sauvages. Le séminaire des Missions Etrangères, par exemple, a pu lui fournir des noms et c'est tout.

La seconde partie de l'ouvrage, et non la moins intéressante, comprend des notices, blasons, sceaux, devises, sur les abbayes et leurs abbés cisterciens, bénédictins, chanoines réguliers prémontrés. Elle contient une étude semblable sur une centaine de prêtres français qui, honorés d'une prélature, ont pris à cette occasion des armoiries suivant l'usage romain. Enfin, en supplément, une cinquantaine de prélats du XXᵉ siècle et les abbesses bénédictines.

Quatre tables terminent le livre (qui porte en *imprimatur* la date du 25 août, fête de saint Louis, de qui l'auteur descend) : *Sommaire.* — *Matières, Dignités, Ordres*, etc... traités ou dénommés. — *Noms propres* (2000). — *Figures héraldiques*, permettant à celui qui veut déterminer un écusson prélatice inconnu de trouver à qui il appartient.

La plupart des armoiries prélatices décrites ont un caractère religieux très caractérisé ; toutefois leurs fautes héraldiques sont plus rares qu'on se serait porté à le croire. Connaître le blason religieux, c'est sortir un peu de la banalité des lions, des fasces, des besans ; l'auteur, toutes les fois qu'il a pu, a donné des détails curieux sur la composition des écus.

Félicitons en terminant M. de Saint-Saud d'avoir mené à bien une œuvre de cette importance, plus difficile à établir qu'on ne croit, et souhaitons-lui le succès que sincèrement elle mérite.

Vᵗᵉ DE BALZESMÉ.

Intermédiaire des Chercheurs et des Curieux

N° du.... (oublié de le noter)

Il ne déplaira point à l'historien qui a dressé l'*Armorial des prélats français au XIX*e *siècle*, de s'entendre dire qu'il a fait un travail de bénédictin. Il fallait, pour le réaliser, outre des sentiments qui cadrent avec l'exaltation de cette noblesse très pure et parfois pour le missionnaire, d'origine aussi héroïque que l'autre — une science profonde et une conscience qui passait l'obstacle. Tout ici était à créer, dans une documentation, qui, pour être récente, n'en était pas moins laborieuse. Le comte de Saint-Saud, inspecteur de la Société française d'archéologie, a mené à bien cette tâche et doté l'histoire du blason d'un véritable monument.

Dans ce livre figurent tous les prélats nés français, sacrés, promus, préconisés, bénits, nommés entre 1802 et 1900. Il y est traité, pour la première fois, d'une façon méthodique, des évêques missionnaires et des abbés mitrés.

L'écrivain si autorisé qu'est le comte de Saint-Saud a raison de dire que sous une forme simplement héraldique, cet ouvrage donne des aperçus sur l'admirable mouvement religieux du xixe siècle, et même sur certains côtés de notre histoire ecclésiastique. Il montre combien fut important, le mouvement religieux qui fit refleurir les abbayes bénédictines où la prière s'unit à la science persévérante.

L'Armorial qui comprend 950 blasons *dessinés*, de cardinaux, archevêques, évêques, évêques de missions, abbés mitrés, et abbayes de prélats romains, avec leur description et les détails essentiels sur les titulaires, est précédé d'une étude solide et claire sur les armoiries et dignités prélatices.

Dans la préface, M. le comte de Saint-Saud a la bonté de rendre hommage aux collaborateurs de l'*Intermédiaire* des quelques renseignements qu'il leur a dus : nous sommes leur interprète en lui retournant ce compliment gracieux. C'est l'*Intermédiaire* qui se félicite et s'enorgueillit du vaste savoir que son éminent collaborateur prodigue libéralement depuis si longtemps, dans ses colonnes.

En somme sur chaque prélat, depuis cent ans, cet ouvrage donne une notice, la description de ses armoiries et de son sceau, sa devise et l'indication de sa biographie imprimée.

*
* *

Semaine Religieuse du diocèse de Poitiers

N° du 20 janvier 1907.

Nos contemporains se passionnent pour les recherches historiques. Le xixe siècle finissait à peine, que de nombreux écrivains en publiaient l'histoire, chacun à son point de vue particulier. La vie des évêques et prélats français des cent dernières années ne pouvait manquer de provoquer des recherches qui ont fait déjà l'objet de plusieurs publications. Nous voulons aujourd'hui attirer l'attention des catholiques et des savants sur le plus récent de ces ouvrages qui est en même temps un des plus intéressants et des plus complets. Nous voulons parler de l'*Armorial des Prélats français du XIXe siècle*.

L'auteur est M. le comte de Saint-Saud, déjà connu par de nombreuses publications de voyages, d'études géographiques, d'histoire locale et de généalogies. Il raconte, dans l'introduction, comment ce travail fut commencé il y a quatre ans sous les auspices de Monseigneur Pelgé, dont une lettre d'approbation lui servit d'introduction auprès des supérieurs des congrégations religieuses qui ont des évêques dans les missions.

Suit une longue et savante étude dont la première partie est consacrée aux armoiries prélatices en général, et aux différentes parties qui en dépendent : sceaux, emblèmes de l'écu, ornements extérieurs de l'écu, couronne, toque, casque, cimier, chapeau, mitre, crosse, croix, pallium, ornements divers, devises. La deuxième partie explique les diverses catégories de prélats, cardinaux, archevêques, évêques, résidentiels, sans sièges, chanoines de Saint-Denis, titulaires, vicaires apostoliques, résidentiels en missions, abbés, prélats dits romains, protonotaires apostoliques, auditeurs de rote, référendaires, prélats domestiques, camériers secrets et d'honneur, chanoines divers.

L'armorial proprement dit se divise également en deux parties. La première pour les cardinaux, archevêques et évêques résidentiels de la France et des colonies, au nombre de 500 environ, répartis en 18 provinces, comprenant 91 sièges rangés en ordre alphabétique, chaque siège avec ses évêques en ordre chronologique ; viennent ensuite 50 auxiliaires, et 250 évêques des missions. La seconde partie traite d'environ 100 abbés et autant de prélats, dits romains. En tout un millier de prélats environ. Chacun a sa notice comprenant noms, prénoms, dates et lieux de la naissance et de la mort, du sacre pour les évêques, de la bénédiction pour les abbés, de la nomination pour les autres prélats, indication de l'ouvrage traitant de la vie du prélat quand il y a lieu, enfin et surtout les armoiries de chacun. Ces armoiries, au nombre de 1100 dont 950 admirablement gravées, font en partie l'intérêt de l'ouvrage et lui ont valu son nom d'Armorial.

Cette énumération suffit pour donner l'idée de l'énorme somme de travail qu'a dû s'imposer M. le comte de Saint-Saud. On ne saurait trop admirer la persévérance de ses recherches, l'abondance de ses renseignements, ainsi que la clarté de la rédaction qui donne pour la première fois un tableau de l'épiscopat du XIXe siècle dans nos missions.

L'armorial est un merveilleux instrument de travail, indispensable à tous ceux qui veulent étudier l'histoire de l'Eglise de France au XIXe siècle. Nous ne doutons pas que le public religieux et savant ne lui fasse un accueil empressé.

Th. GABARD, curé de Saint-Aubin.

*
* *

L'Annuaire de la Noblesse de France

(1907, p. 422), consacre une courte mais aimable notice à mon ouvrage, que le vicomte Révérend termine par ces lignes : « C'est en grande partie grâce à ce laborieux travail et aux notes de l'auteur que nous avons pu mener à bien notre revue de l'épiscopat français et nous lui adressons ici nos très sincères remerciements. »

L'Annuaire du Conseil Héraldique

*(1907, p. 392), en parlant de l'*Armorial des Prélats, *semble indiquer qu'il est dû à la collaboration de MM. Huet et de Fayolle, ce qui est une erreur. Seul le volume* Les Origines et la famille du Vénérable de Solminihac *est dû à la collaboration de ces trois auteurs.*

Cette œuvre considérable, qui est un vrai titre de gloire pour son auteur, demandait, pour être réalisée..... L'importance de la documentation nécessaire à un pareil travail implique un labeur digne du plus consciencieux Bénédictin. L'Armorial est précédé d'une étude sur les armoiries et dignités prélatices qui sont l'objet de doctes et curieuses explications..... Une intéressante partie est réservée aux évêques missionnaires et aux abbés mitrés dont M. de Saint-Saud, avec l'aide de savants et dévoués concours, a pu parvenir a découvrir la plupart des blasons.

Ce précieux ouvrage, qui comprend en outre des notices très documentées sur les abbayes et leurs abbés (Bénédictins, Cisterciens, etc.) est terminée par des tables facilitant habilement les recherches du lecteur. Nous sommes heureux de féliciter chaleureusement notre très distingué collègue qui, en menant à bien une œuvre d'une si remarquable importance et d'une telle envergure, a accompli un véritable tour de force d'érudition patiente et laborieuse.

L'article suivant, dû à la plume autorisée de notre cousin, le vicomte de Ghellinck Vaernewyck, ancien président de l'Académie royale d'archéologie de Belgique, a paru dans une revue archéologique belge.

Une histoire de l'épiscopat français au XIXe siècle avait paru récemment avec préface de Mgr Baunard et presque simultanément la librairie Daragon, à Paris, éditait un remarquable et important ouvrage dû à la plume si féconde et si autorisée du comte de Saint Saud. Comblant une lacune et complétant le premier travail, l'*Armorial des prélats français du XIXe siècle* est remarquable tant par la forme que par le fond.

Le sujet traité de main de maître d'une façon claire, concise et cependant bien complète est un modèle du genre.

L'introduction indique les grandes divisions de l'ouvrage : le Concordat (1802) servira de point de départ au travail, tous les prélats nés Français figurent dans l'ouvrage ; mais l'auteur en élimine les prélats qui ne furent Français qu'éphémèrement sous le 1er Empire, conservant toutefois sous son cadre les prélats nés avant 1870 en Alsace-Lorraine et les évêques de Savoie devenus Français en 1860.

Quoique le sujet semble ardu à première vue, l'auteur a l'art de l'animer et de le présenter sous une forme attrayante. Relevons quelques belles pensées trouvées parmi ces pages.

En parlant des évêques missionnaires, tombés victimes de leur dévouement sur des plages lointaines, l'auteur dit que « les armoiries de la vraie noblesse n'ont pas une source plus pure et surtout plus chrétienne ».

Plus loin il montre l'important mouvement religieux qui fit refleurir ces abbayes bénédictines, si puissantes jadis, et qui ouvrit ces Trappes, « où l'on prie en travaillant ». L'auteur nous apprend que tout le clergé d'Haïti est français et que la France donna 40 évêques aux Etats-Unis au siècle dernier.

Avant d'aborder le fond du sujet, M. de Saint Saud présente sous forme de petit traité héraldique et archéologique une savante description des armoiries, des ornements extérieurs entourant l'écusson : couronnes, toques, chapeaux, cimiers, mitres, crosses, etc. Il nous initie ensuite aux différentes catégories de prélats : cardinaux, archevêques, évêques (résidentiels et sans sièges), vicaires apostoliques, abbés, puis il décrit les prélats dits romains, c'est-à-dire *di mantelletta* et *di mantellone*, ainsi que les protonotaires, les prélats domestiques et les camériers.

Nous ne pouvons assez le féliciter d'avoir joint à son œuvre (p. 35) une liste bibliographique des principaux ouvrages imprimés se rapportant à l'épiscopat français. Ainsi les travailleurs, les chercheurs et les curieux trouveront ample matière à consulter sur le sujet qui les intéresse. Une bibliographie spéciale au sujet traité devrait ainsi accompagner toute étude historique. Cela éviterait de longues et fastidieuses recherches, permettrait de contrôler et de compléter le travail produit et rendrait ainsi les plus grands services aux travailleurs qui à notre époque de fièvre et d'agitation n'ont pas le temps ni le loisir d'aller faire de longues recherches dans les bibliothèques. Ainsi ils trouveraient, résumés en quelques pages ou indiqués en quelques lignes, tous les ouvrages traitant de la matière spéciale qui les intéresse.

L'armorial de l'épiscopat français est parfaitement subdivisé, d'une manière claire, précise, de sorte qu'il est très facile de s'y retrouver.

(L'auteur explique, toujours en termes trop aimables pour nous, la subdivision de l'ouvrage, telle qu'on la comprend en la consultant, en tête de la table des matières).

Ce magnifique travail a dû coûter à l'auteur une somme considérable de travail, car il n'était pas facile de réunir tous ces documents épars. Et cependant il a pleinement réussi car rien ne lui échappe. Il a tout vu, tout compulsé, tout réuni, tout coordonné et classé. Aussi son travail est-il une œuvre remarquable et de grand mérite, ayant sa place indiquée dans toutes les bibliothèques et nous ne saurions assez féliciter M. de Saint-Saud de l'avoir entrepris et mené à bonne fin.

Vᵗᵉ DE GHELLINCK VAERNEWYCK.

*
* *

Les Missions Catholiques

Nᵒ du 28 décembre 1906.

Ce très savant et très curieux ouvrage « où figurent les armoiries de tous les prélats *nés Français*, sacrés, promus, préconisés, bénits, nommés, entre 1802 et 1900 inclus », a droit d'être cité dans notre bibliographie, car il fait une large place aux évêques missionnaires.

« Abonné aux *Missions catholiques* dès leur fondation (j'étais alors un bien jeune collégien), dit-il dans l'introduction, je suis depuis longtemps avec une admiration profonde ce mouvement français de propagande religieuse. La lecture des Vies de nos prélats-apôtres, nécessitée par cette étude, m'a inspiré pour eux la plus grande vénération. »

Sous une forme simplement héraldique, son livre contient des renseignements du plus haut intérêt.

En le parcourant, quelques-uns de nos lecteurs apprendront, par exemple, non sans surprise que tout le clergé d'Haïti est français, que le séminaire où il se forme est même en France. (Hélas ! on le ferme au moment où nous écrivons ces lignes).

Et n'avons-nous pas lieu d'être très fiers d'avoir donné aux Etats-Unis quarante évêques, dont plusieurs vivent encore, prélats n'appartenant à aucune Congrégation, mais qu'attiraient au Nouveau Monde une impulsion mystérieuse et le besoin si français de se dévouer au bien des âmes ?...

(Mgr Morel, en écrivant cette notice, nous fait l'honneur de citer quelques autres réflexions de notre introduction.)

Voilà ce que l'on apprend en feuilletant le beau volume de M. de Saint-Saud.

Ajoutons que cet *Armorial* est illustré de plusieurs portraits et de la reproduction par la gravure de 950 blasons.

* * *

Semaine Religieuse du diocèse de Paris
N° du 2 février 1907

Les connaisseurs sauront gré, sans aucun doute, à M. de Saint-Saud des patientes recherches auxquelles il a dû se livrer pour nous donner un répertoire très complet et très minutieusement collationné des armoiries et des sceaux des dignitaires ecclésiastiques français du dix-neuvième siècle, évêques résidentiels ou titulaires, abbés et prélats romains. Les chercheurs n'ignorent pas en effet que les armes ou le cachet sont parfois le meilleur moyen d'identifier un document par ailleurs douteux. Ajoutons que la bibliographie placée en tête de l'ouvrage et les renvois à des biographies souvent peu connues disséminés dans son cours seront précieux pour les futurs historiens de notre clergé.

Quant aux profanes ils pourront s'initier rapidement et sûrement à l'art héraldique par la lecture de l'essai qui précède le répertoire et surtout ils prendront intérêt aux statistiques de l'introduction. Au dix-neuvième siècle, nous avons eu hors d'Europe « 250 évêques dont 110 pour les Missions étrangères seules et 40 aux Etats-Unis » En Europe même des Français ont occupé plus de 15 sièges cathédraux à l'étranger. En 1904, une trentaine de nos compatriotes gouvernaient des diocèses au Canada, aux Indes, au Japon, en Haïti, aux Etats-Unis, et sur 130 vicariats apostoliques plus de la moitié, 70, avaient à leur tête des Français. Ces chiffres ont leur éloquence.

Pour feuilleter l'armorial de M. de Saint-Saud, il n'est donc pas nécessaire d'être érudit, il suffit d'avoir quelque curiosité d'esprit et de partager sa pieuse affection pour l'Eglise de France.

* *

Etudes Franciscaines
N° de Mars 1907

L'heure est aux publications concernant l'épiscopat français du XIXᵉ siècle. Voici un armorial qui sera des mieux accueillis. Après un essai sur les armoiries et les dignités prélatices, le savant auteur aborde l'armorial lui-même : les évêques résidentiels, les cardinaux sans siège, les missionnaires, les abbés, les prélats, etc. De très utiles tables terminent le volume.

Un travail semblable à celui de M. le comte de Saint-Saud a demandé évidemment de longues, multiples et difficiles recherches. Nous ne saurions trop le remercier d'avoir mené une telle entreprise a bonne fin.

Les noms cités sous forme dubitative à la page 264 sont certainement *Mauban* et *Chaslang*.

La « Sainte Agnès » des armes de Mgr Bardel est une sainte Solange.

Le 11 des Kalendes de décembre (p. 374) correspond sûrement au 21 novembre.

F. Ubald d'Alençon.

* *

Le Catholique des rives de la Dordogne
N° du 12 mars 1907

Cet ouvrage débute par un essai, c'est-à-dire un véritable traité, sur les armoiries et les dignités prélatices. Il donne ensuite le blason de 1100 cardinaux, archevêques, évêques, vicaires apostoliques, abbés mitrés, prélats romains et même des abbesses bénédictines ; 950 sont reproduits avec quelques portraits.

Chaque prélat a une notice biographique, la description de ses armoiries, sceaux, devises avec des explications spéciales. Les abbayes ont également leurs écussons avec courte notice historique.

Ce travail dénote chez l'auteur un grand amour des questions héraldiques, une somme de patientes recherches et le souci de l'exactitude. La dispersion annoncée des congrégations religieuses reudit nécessaire cette étude, car à l'heure actuelle il serait trop tard pour l'entreprendre. Ce qui nous a beaucoup frappé dans cet Armorial c'est de voir le mouvement chrétien français s'exerçant à l'étranger. Quarante évêques des Etats-Unis au siècle passé sont français ; les Missions Etrangères à elles seules ont donné 115 prélats, dont plusieurs furent martyrisés.

Des tables très importantes terminent cet ouvrage que nous sommes heureux de recommander à nos lecteurs.

Abbé Léglise.

* *

L'Album Universel (Canada)
N° du 16 février 1907

Voici un ouvrage récemment paru, auquel nous voudrions pouvoir consacrer plusieurs colonnes de l'Album Universel, pour mieux le faire connaître à ses nombreux lecteurs. Dans ce volume, admirablement imprimé, figurent tous les prélats nés Français, promis, préconisés, bénits, nommés entre 1802 et 1900 inclus. Parmi eux se trouvent un certain nombre de prélats américains. A part une introduction dans laquelle l'érudit auteur, qui s'honore à juste titre de descendre plusieurs fois de nos rois de France, rappelle que son ouvrage, sous une forme simplement héraldique, ne laisse pas que de donner des aperçus sur l'admirable mouvement religieux du XIXe siècle, et même sur certains côtés de son histoire ecclésiastique, et présente un essai sur les armoiries et les dignités prélatices françaises au XIXe sièle ; il traite dans une première partie, des armoiries en général, des sceaux, emblêmes et ornements extérieurs de l'Ecu, de la mitre, croix, pallium, devises ; dans une seconde partie, des cardinaux, archevêques et évêques...

Nous recommandons particulièrement ce précieux travail, qui devrait trouver une place d'honneur dans les bibliothèques des évêchés, des séminaires, des communautés religieuses ou même des presbytères et nous félicitons M. le comte de Saint-Saud d'avoir composé un livre aussi intéressant.

M. chanoine d'AGRIGENTE, vicaire général.

La *Croix* de Paris, le *Gaulois*, l'*Ami du Clergé*, plusieurs Semaines catholiques, des revues publiées par les Prémontrés, les Picpusiens, les Pères du Sacré Cœur d'Issoudun, ont bien voulu parler également de l'*Armorial des Prelats français du* XIXe *siècle.*

A tous mes sincères sentiments de gratitude.

Me trouvant à Bayeux, le 23 juin dernier, avec le congrès de la Société française d'archéologie, j'ai relevé que *Mgr Hugonin* (p. 65) avait un autre sceau où, dans un ovale, l'écu aux armes est posé sur la crosse en pal avec la légende : *Evêché de Bayeux et de Lisieux.*

TABLE DES NOMS

Les noms des prélats sont seuls en caractères ordinaires.

Rey, 14.
Reymond, 14.
Reynaud, 26.
Ricard, 13, 32.
Riccard, 7.
Richard, 12.
Richery, 15.
Robert, 13.
Robiou, 14.
Roche, 15.
Rocquancourt, 32.
Rœss, 24.
Rohan-Chabot, 13.
Roseau, 8.
Rossat, 15.
Rouard, 18.
Rougerie, 20.
Rousselet, 23.
Rouxel, 32.
Rouxel, 26.
Rumeau, 11.
Rumel, 31.
S. Albert, 27.
Ste-Marie du Mont, 30.
Saint-Marc, 21.
S. Nicolas de Verneuil, 33.
Salinis, 10.
Salmon du Chatelier, 14.
Samos, 16.
Santenac, 32.
Sebastiani, 10.
Sébaux, 11.
Séez, 23.
Sergent, 21.
Sibour, 14, 25.

Silos, 28.
Sirvain, 32.
Sola, 19.
Solesmes, 28.
Sonnois, 23.
Soubiranne, 12.
Soyer, 16.
Staouëli, 30.
Terris, 15.
Theuret, 25.
Thibault, 18.
Thomas, 22, 26.
Thymadeuc, 30.
Tirmarche, 23.
Toulette, 27.
Tournefort, 16.
Touvier, 26.
Trappes, 29.
Trégaro, 23.
Trélissac, 18.
Usse, 27.
Valayer, 24.
Valk (Du), 13.
Verdier, 27.
Verjus, 27.
Verneuil, 32.
Vesque, 8.
Vigne, 19.
Villecourt, 21.
Voisin, 23.
Vuillemin, 28.
Wicart, 15.
Wyart, 30.
Zoara, 7.

BERGERAC

IMPRIMERIE GÉNÉRALE DU SUD-OUEST (J. CASTANET)

Place des Deux-Conils